일한다면 로완처럼

# 일한다면 로완처럼

**엘버트 허버드 지음**
**이명섭 옮김**

가르시아 장군에게 보내는 편지

드림북스

일한다면 로완처럼

**1쇄 발행** 2025년 10월 22일

**지은이** 엘버트 허버드
**옮긴이** 이명섭
**펴낸이** 조일동
**펴낸곳** 드레북스

**출판등록** 제2025-000023호
**주소** 서울시 은평구 통일로 630 래미안 베리힐즈 203동 1102호
**전화** 02-356-0554  **팩스** 02-356-0552
**이메일** drebooks@naver.com
**인스타그램** @drebooks

**인쇄** (주)프린탑
**배본** 최강물류

ISBN 979-11-93946-57-2 03190

---

- 이 책은 저작권법에 따라 보호받는 저작물이므로 무단 전재와 무단 복제를 금지하며, 이 책의 전부 또는 일부를 이용하려면 저작권자와 드레북스의 동의를 받아야 합니다.
- 책값은 뒤표지에 있습니다.
- 잘못된 책은 구입하신 서점에서 바꾸어 드립니다.

주어진 일에 대한 책임감은
일을 처리하는 유능함보다 훨씬 가치 있다.

## CONTENTS

### 1장 _ 우리에게 로완이 있는가

우리가 찾는 사람 ___ *012*
가르시아 장군에게 보내는 편지 ___ *018*
나는 소망한다 ___ *029*
한 사람의 힘 ___ *032*
링컨이 우리에게 말하는 것 ___ *038*

### 2장 _ 더할 나위 없는 사람

지금 하는 일이 나를 말한다 ___ *050*
더할 나위 없는 사람 ___ *055*
그것은 신성하다 ___ *060*
억지로 일하지 마라 ___ *064*
내일을 묻기 전에 ___ *068*
습관이 사람을 만든다 ___ *072*
나는 안다 ___ *081*

## 3장 _ 인생을 묻기 전에

어떻게 살기를 바라는가 ___ *086*
내 인생의 주인인가 ___ *095*
인생에 공짜는 없다 ___ *099*
인격의 조건 ___ *105*
충분히 건강한가 ___ *111*
중립을 지킨다는 착각 ___ *117*
그 사람을 조심하라 ___ *121*


## 4장 _ 지금 어디에 있더라도

바퀴는 저절로 굴러가지 않는다 ___ *126*
지금 무엇을 보고 있는가 ___ *137*
질투라는 이름의 병 ___ *143*
시대정신에 대하여 ___ *163*
내일은 멀리 있지 않다 ___ *170*
누구든 어디에 있더라도 ___ *178*

가르시아 장군에게 보내는 편지를 건넸을 때
로완 중위는 그 편지를 받으면서
"그가 어디에 있습니까?"라고 묻지 않았다.

세상은 바뀌었지만 우리는 찾고 있다,
가르시아 장군에게 편지를 전할 사람을.

1장

우리에게 로완이 있는가

# 우리가 찾는 사람

***

〈가르시아 장군에게 보내는 편지〉는 어느 날 저녁 식사를 마친 후 1시간 만에 썼다. 그날은 1889년 2월 22일로, 미합중국 초대 대통령인 조지 워싱턴의 탄생일이었고, 그때 나는 내가 발행하는 《필리스틴》 3월호를 인쇄하려던 참이었다. 게으른 마을 주민들을 정신 차리게 하느라 피곤한 하루를 보낸 뒤에 이 글을 쓸 아이디어가 떠올랐다. 하지만 가장 직접적인 아이디어는 저녁 식사를 마친 뒤에 아들이 한 말에서 비롯했다.

"제가 아는 앤드루 로완이야말로 쿠바전쟁의 진정한 영웅이에요."

작년 4월부터 8월까지 쿠바 문제를 둘러싸고 쿠바와 필리핀에서 벌어진 미국과 스페인 간의 전쟁에서 로완은 홀로 쿠바에 들어가 가르시아 장군에게 편지를 전하는 임무를 완수했다.

그 순간 나는 당장 이 글을 써야겠다고 마음먹었다. 맞다. 내 아들의 말이 맞았다. 영웅은 대단한 일을 한 사람이 아니라 자기가 나서서 그 일을 맡고 그 일에 솔선수범하는 사람이다. 가르시아 장군에게 편지를 전달한 로완이야말로 진정한 영웅이다.

아들의 말을 듣자마자 나는 식탁에서 일어나 단숨에 글을 쓰기 시작했고, 제목도 달지 않은 채 인쇄하려던 잡지에 실었다.

이 글이 실린 잡지는 시중에 나오자마자 매진되었고, 추가 주문이 밀려오기 시작했다. 《필리스틴》 3월호는 50부, 100부에 이어 아메리칸뉴스 사로부터 1,000부를 추가로 주문받았다. 그때 나는 이 상황이 어리둥절해서 편집 책임자에게 물었다.

"대체 어떤 기사 때문에 이러는 겁니까?"

내 질문에 편집 책임자는 아무런 고민도 없이 말했다.

"그야 가르시아 장군에 관한 글 때문이죠."

다음날 오전, 뉴욕 센트럴 철도 회사 사장인 조지 H. 다니엘스 씨로부터 전보가 왔다. 그는 내가 전혀 모르는 사람이었다.

'당신이 로완에 관해 쓴 글을 따로 소책자로 만들어주면 10만 권을 사겠습니다. 얼마나 빨리 보내줄 수 있는지 시간과 제작비를 알려주십시오.'

그리고 이렇게 덧붙였다.

'책자 뒷면에는 엠파이어 스테이트 익스프레스 광고를 싣겠습니다.'

나는 비용을 알려주면서 책으로 만들려면 적어도 2년은 걸린다고 전했다. 우리가 가진 인쇄 시설은 보잘것없어 10만 권을 펴낸다는 것은 불가능했다.

그 결과 나는 다니엘스 씨가 독자적으로 내 글을 복제하도록 허락해줄 수밖에 없었다. 그는 소책자 형태로 50만 부를 발행했다. 그렇게 다이엘스 씨는 50만 부씩 두세 번 발행했고, 내 글은 200여 개가 넘는 잡지와 신문에 다시 게재되었다. 그리고 그 글은 세계 여러 나라의 말로 번역되었다.

다니엘스 씨가 《가르시아 장군에게 보내는 편지》를 배포하고 있을 무렵, 러시아 철도 회사 대표인 힐라코프 왕자가 미국에 머물러 있었다. 뉴욕 센트럴 철도의 초청으로 방문한 그는 다니엘스 씨의 안내로 미국 전역을 여행 중이었다. 그런 힐라코프 왕자가 그 책에 빠져들었다. 그것은 다니엘스 씨가 엄청난 부수를 발행했기 때문일 것이다. 힐라코프 왕자는 러시아로 돌아가서 그 책을 러시아어로 번역한 다음 철도 회사 직원들에게 한 권씩 나눠주었다.

얼마 후 그 책은 러시아를 시작으로 독일, 프랑스, 스페인, 터키, 인도, 중국에까지 퍼져나갔다. 러일전쟁 중에는 참전한 모든 러시아 병사들에게 《가르시아 장군에게 보내는 편지》가 지급되었다. 포로로 잡힌 러시아 병사의 품에서 이 책을 발견한 일본군은 그 안에 군사상 매우 중요한 정보가 들어 있으리라 판단해 일본어로 옮겼고, 이후 이 책은 일본의 모든 공무원, 군인, 민간인들에게까지 보급되었다.

《가르시아 장군에게 보내는 편지》는 지금까지 4천만 부 넘게 인쇄되었다. 이것은 역사상 한 작가가 평생에 걸쳐 판매한 그 어떤 책보다 더 많은 부수였다. 이런 행운이 내게 찾아온 것에 지금도 감사하다. 그리고 이 모든 행운은 진정한 영웅, 로완 덕분이다.

　로완은 우리가 찾던 사람이었고, 우리 시대가 찾는 사람이다.

# 가르시아 장군에게
# 보내는 편지

***

 쿠바전쟁을 떠올릴 때마다 내 기억의 지평선 위에 뚜렷하게 남아 있는 한 사람이 있다.
 1898년 스페인과 미국 사이에 전쟁이 발발했을 때, 미국은 어떻게든 서둘러 반군의 지도자와 연락을 취해야 했다. 당시 반군 지도자 가르시아는 쿠바의 산악지대 어딘가에 숨어 있었는데, 아무도 그가 머문 곳을 알지 못했다. 우편과 전보로 연락할 상황도 아니었다. 하지만 미국의 매킨리 대통령은 그의 협력이 절실했다. 이런 상황에 어떻게 해야 할까?
 그때 누군가 대통령에게 말했다.
 "로완 중위라면 틀림없이 가르시아 장군의 거처를 찾아

내고 편지를 전할 것입니다."

로완은 가르시아 장군에게 전할 편지를 받고 쿠바로 떠났다.

나는 그가 그 편지를 받아 방수포 주머니에 넣은 다음 가슴에 동여맨 뒤 임무를 완수하기 위해 떠난 지 나흘째 되는 날 한밤중에 보트를 타고 쿠바 해안에 상륙했으며, 어떻게 정글 속으로 사라진 지 3주 만에 적들이 들끓는 내륙을 가로질러 가르시아 장군에게 편지를 전하고 정글 반대편 해안으로 무사히 빠져나왔는지 장황하게 설명하고 싶지 않다.

내가 말하고자 하는 바는 이것이다. 대통령이 가르시아 장군에게 보내는 편지를 건넸을 때, 로완 중위는 그 편지를 받으면서 "그가 어디에 있습니까?"라고 묻지 않았다는 사실이다.

세상의 모든 학교에 동상을 세워야 할 사람이 여기 있다. 젊은이들에게 필요한 것은 책에서 배우는 단편적인 지식이나 잡다한 교훈이 아니다. 그들에게 가장 필요한 것은 로완 중위처럼 가슴을 힘껏 펴고, 자기가 맡은 일에 충실하고, 곧바로 행동에 옮기며, 그 일에 누구보다 집중하는 자세다.

가르시아 장군은 이미 죽고 없지만, 세상에는 우리가 찾아 나서야 할 가르시아 장군이 수없이 많다.

어렵게 사업을 일으키고, 그 일을 성공시키기 위해 노력한 사람이라면 누구나 한 번쯤 어리석고 무능한 사람들 때문에 뼈저리게 절망했을 것이다. 그들은 한 가지 일에 집중하거나 그것을 해내지 못할 뿐만 아니라, 적당히 일하며 남의 도움만 기대하고, 수없이 가르쳐도 늘 부주의하고, 자신이 맡은 일이 무엇인지 관심 없으며, 대충대충 일을 끝내려 한다. 그렇지 않으면 강제로 협박하거나 웃돈을 주지 않고는 움직이지 않을 것이다. 기적이 일어나지 않는 한 그들과 함께할수록 성공과 멀어진다.

당신이 지금 사무실에 앉아 있다고 상상해보자. 주위에는 6명 정도의 직원이 있다. 그중 한 명을 불러 이렇게 말해보라.

"코레조의 생애를 알고 싶은데, 백과사전을 찾아 정리해주게."

이탈리아 르네상스를 대표하는 화가 중 한 명인 안토니오 다 코레조에 관해 알고 싶고 직원에게 그 일을 맡기려 할 때, 그 직원은 "알겠습니다"라고 대답하며 즉시 그 일을 하러 갈까?

장담하건대 그렇지 않을 것이다. 그 직원은 흐리멍덩한 눈으로 당신을 쳐다보며 이렇게 질문할 것이다.

"코레조가 누구입니까?"

"어느 백과사전에 있나요?"

"백과사전은 어디에 있습니까?"

"제가 왜 이런 일을 해야 하죠?"

"혹시 비스마르크를 말씀하시는 건 아닌가요?"

"그런 일은 저 말고 다른 직원이 잘할 텐데요."

"코레조란 사람은 아직 살아 있나요?"

"급한 일입니까?"

"제가 백과사전을 가지고 올 테니 직접 찾아보시겠습니까?"

"뭘 알고 싶으신 건데요?"

"이런 일을 하려고 이 회사에 들어온 게 아닙니다."

당신은 그런 질문에 답해야 하고, 어디서 그 책을 찾는지 알려주어야 하고, 그 안에서 관련된 정보를 찾는 방법을 가르쳐주고, 왜 그 인물을 찾는지 이유까지 설명해야 한다.

그럼에도 그 직원은 다른 직원에게 가서 코레조를 찾아달라고 요청할 테고, 결국 그런 사람은 없다고 말할 것이다. 물론 그렇지 않은 사람도 있겠지만 내가 아는 한 대부분은 그렇다.

당신이 현명하다면 그 직원에게 "코레조의 첫 글자는 K가 아니라 C라네"라며 구구절절 설명하지 않을 것이다. 온화한 표정을 지으며 "자네 일이나 하게"라고 대답한 다음 자신이 직접 코레조를 찾을 것이다.

이것은 현실이다. 스스로 행동하지 않은 채 남에게만 기대고, 도덕적인 인성을 제대로 갖추지 못하고, 무엇인가 해내겠다는 의지가 허약하며, 어떤 일이든 남 일인 듯 억지로 일하는 사람이야말로 우리가 꿈꾸고 추구하는 미래를 가로막는 장애물이다.

스스로 알아서 행동하지 못하는 사람이 자신의 힘으로 먹고살아야 순간이 왔을 때 과연 어떻게 할 것이며, 그런 그가 어떻게 타인과 사회를 위해 일할 수 있을까? 그들은 해고에 대한 두려움 때문에 여전히 그 자리를 버티고 있다. 이들에게 가르시아 장군에게 보낼 편지를 안심하고 맡길 수 있을까?

 한번은 비서를 구하기 위해 광고를 낸 적이 있다. 지원자 10명 중 9명은 철자법은 물론 문장 부호조차 몰랐고, 왜 그것을 알아야 하는지도 이해하지 못했다. 그들에게 가르시아 장군에게 보낼 편지를 안심하고 맡길 수 있을까?
 "저 회계 담당자 보이시죠?"
 공장의 책임자가 내게 말했다.
 "저 사람이 왜요?"
 "그는 회계 일은 잘하지만, 다른 일로 시내에 심부름을 보내면 어떤 때는 그런대로 잘 처리하지만 그렇지 않은 때도 있습니다. 심부름 가는 도중에 술집을 여러 곳 들른 적이 있고, 심지어 술에 취해 시내 중심가에서 자기가 왜 거기에 있는지 잊어버립니다."
 과연 이런 사람에게 가르시아 장군에게 보낼 편지를 안심하고 맡길 수 있을까?
 노동자의 처지를 동정하고 처우를 개선하자는 말이 적

지 않다. '혹사당하고 학대받는 노동자', '제대로 된 일자리를 찾는 노숙자' 등의 말은 대체로 매정하고 인간미 없는 고용주를 향한 비난을 동반하곤 한다. 나 역시 이기적이고 돈에만 혈안이 된 고용주라면 충분히 그럴 수 있다고 생각한다. 하지만 모든 경영자가 그런 것은 아니다.

고용주 입장에서 보면 어떨까? 그 일에 맞는 사람을 구하느라 온종일 지치고, 그런 사람을 구했다고는 하지만 잠시만 눈을 돌려도 빈둥거리는 직원들 때문에 제 나이보다 늙어버린 고용주에 대해서는 아무 말도 하지 않는다. 그는 회사의 이익에는 아무 도움도 되지 못하는 직원을 내보내고, 다시 그 자리를 대신할 사람을 구하는 일을 반복해야만 한다.

경기가 아무리 좋다고 해도 이런 일은 반복될 것이다. 하물며 경기가 좋지 않을 때는 이런 일이 빈번할 것이다. 이것이 적자생존의 법칙이다. 이기적이라고 할지 모르지만, 세상의 모든 고용주는 가르시아 장군에게 편지를 전할 수 있는 사람을 곁에 두려 한다.

당신은 가르시아 장군에게 보낼 편지를 안심하고 맡길 수 있는 사람인가?

내가 아는 한 사람은 재능이 뛰어났지만 스스로 회사를 경영하거나 관리할 능력은 없었다. 그는 동료들에게도 아무런 도움이 되지 못했다. 그는 고용주가 자신을 억압하거나 억압할 의도가 있다고 의심하며 하루하루를 보낼 뿐이었다.

그는 다른 사람에게 지시를 내리지 못하고 남의 지시를 받아들이지도 못했다. 만약 그가 가르시아 장군에게 편지를 전하라는 명령을 받으면, 그는 이렇게 대답할 것이다.

"그런 일은 직접 하세요."

그는 지금도 일자리를 구하기 위해 거리를 헤매고 있다. 늘 불평불만을 입에 달고 사는 그를 어느 누가 고용하겠는가? 그런 그에게 그나마 위안이라면 밑창이 두꺼운 구두뿐이다.

물론 나는 도덕적으로 기형적인 사람도 육체적인 불구만큼이나 위로받아야 한다는 것을 알고 있다. 하지만 그런 위로를 하는 동안 남들보다 나은 삶을 위해 노력하고 경쟁에서 지지 않기 위해 애쓰는 사람들에게도 따스한 시선을 보내야 하지 않을까? 그들의 일은 근무 시간이 지난 뒤에도 끝나지 않고, 무능하고 무성의하며 은혜도 모르는 사람들 속에서 머리가 하얗게 셀 만큼 고통스러워도 그 자리를 떠나지 않는다. 그들이 없다면 수많은 이들이 허기진 배를 끌어안고 노숙자가 될 것이다.

내 말이 너무 지나치다고 반문할지도 모른다. 하지만 온 세상이 빈민가로 변하는 일이 있더라도 나는 경영자들에게 따스한 시선을 보낼 것이다. 그들은 누구도 감당하기 힘든 엄청난 역경을 딛고 일어섰고, 맨 앞에서 많은 사람을 이끌고 간신히 지금의 자리에 이르렀다. 그럼에도 그들에게는 남들에게 자랑할 만한 것이 별로 없다. 한때는 하루하루를 버티기 위해 일했고, 성공했다고 남들은 부러워하지만 여전히 회사가 무너지지 않도록 잠을 설치고 있다.

내 생각을 지나치게 비난하지 않았으면 좋겠다. 누구도 가난을 짊어진 채 살고 싶지 않을 것이다. 세상의 모든 가난한 이들을 고결하다고 말할 수 없듯 모든 경영자가 탐욕스럽고 거만한 것은 아니다.

나는 상사가 자리에 있든 없든 맡은 일을 묵묵히 수행하는 사람에게 애정을 느낀다. 그에게 가르시아 장군에게 보낼 편지를 전할 때, 그는 가장 가까운 시궁창에 버리거나 전하는 중에 딴짓하지 않고 편지를 전하는 일에만 전력을 다할 것이다. 그런 사람은 직장에서 해고당할까 걱정하지 않고, 임금을 더 올려 달라고 목소리를 높이거나 선동할 필요도 없다.

문명은 오랜 세월 그런 사람을 찾는 과정이다. 가르시아 장군에게 편지를 전할 사람이라면 이루지 못할 것이 없다. 온 세상이 그런 사람을 찾고, 그가 당장이라도 함께하기를 바랄 것이다. 가르시아 장군에게 편지를 보낼 인물을.

# 나는 소망한다

\*\*\*

나는 소망한다.

내가 소망하는 것은 남들보다 유식해지거나, 부자가 되거나, 유명해지거나, 권력을 갖는 것이 아니다. 나는 다만 눈부시게 빛나기를 소망한다. 나는 건강, 유쾌함, 차분한 용기, 선의를 갈고 닦기를 바란다.

나는 소망한다.

증오와 변덕, 질투, 시기, 두려움 없이 살기를 바란다. 나는 단순하고 정직하며, 솔직하고 자연스러우며, 마음과 몸이 깨끗하기를 바란다. 그리고 알지 못할 때는 모른다고 정직하게 대답할 줄 알기를 바란다. 나는 모든 사람을 온전히 동등하게 대하기 위해 어떤 장애물이나 어려움도 두려움 없이 맞설 것이다.

나는 소망한다.
모두가 저마다 자기 삶을 가장 고결하고 최선의 삶을 살기를 바란다. 이를 위해 나는 결코 그들의 삶에 간섭하거나, 참견하거나, 지시하거나, 그들이 원하지 않는 것을 조언하거나, 그들이 청하지 않을 때 도움을 주지 않을 것이다. 내가 그들에게 도움을 줘야 할 때가 온다면, 그들이 스스로 일어날 수 있도록 기회를 줄 것이다. 그들에게 희망을 주어야 한다면, 지시하거나 경고하는 것이 아니라 사례를 보여주거나 길을 열어줄 것이다.

그리고 나는 소망한다.
언제 어디서나 인생을 빛나게 하는 나를.

한 사람의
힘

***

 모든 성공은 한 사람의 힘에서 비롯한다. 협력이란 엄밀히 말해 무지갯빛 꿈에 불과하다. 협력이 이루어지는 것은 어떤 한 사람이 모두를 협력하도록 이끌기 때문이다. 그 사람은 자신의 의지로 주위 사람들을 결속시킨다. 하지만 그 사람을 찾아 그의 속내를 들여다보라. 그의 지친 눈빛은 이렇게 말할 것이다.
 "이 무거운 짐을 나누어 짊어질 수는 없을까요?"
 그는 인재를 찾아 헤매는 여정이 얼마나 고된지, 자신을 도와줄 누군가를 찾으려 애썼으나 실망과 좌절만 맛보았다고 말할 것이다.
 지금 우리에게는 인재가 필요하다. 은행에는 돈이 가득

차 있고, 날마다 새로운 직업이 생겨나고, 일자리를 구하는 사람이 넘쳐난다. 때는 무르익었지만, 그들에게 일자리를 주고 그들을 지휘할 인재는 턱없이 부족하다. 고급 일자리는 넘쳐나지만, 지원자들은 편하고 쉽게 돈 버는 일자리만 원할 뿐이다. 능력 있는 사람들은 이미 자리를 잡은 까닭에 인재는 찾기 힘들다. 하지만 능력보다 훨씬 더 특별하고 드문 자질이 있다. 그것은 바로 인재를 알아보는 능력이다.

능력 있는 사람은 고용주의 도움이나 격려 없이도 자신의 가치를 성공적으로 입증하며, 이 말은 고용주에게 가장 치명적인 지적이다. 능력 있는 사람은 거의 예외 없이 어떤 기회나 사건을 통해 자신이 가진 능력을 발견한다. 그에게 자신만이 지닌 능력을 깨달을 기회나 사건이 일어나지 않는다면, 그는 자신은 물론 세상에 아무런 도움도 되지 못한 채 잊힐 것이다. 그가 누구인지 아무도 모를 것이다. 인적이 드문 기차역의 전신사 톰 포터는 이 사실을 분명하게 보여준다.

승객을 태운 간이열차가 다리를 통과하다 사고가 난 밤

이었다. 이 사고로 전신이 끊어졌지만, 그는 자기 능력을 발견할 기회를 마주했다. 그는 곧바로 사고 현장으로 달려가서, 부상자들을 돌보았으며, 감독관이 그 자리에 도착하기 전에 잔해와 남은 고철 덩어리를 처리하고 다리까지 복구했다.

"누가 자네에게 이 일을 하도록 명령했나?"

감독관이 물었다.

"아무도 명령하지 않았습니다."

톰이 대답했다.

"제가 알아서 했을 뿐입니다."

다음 달부터 그는 전보다 많은 연봉을 받았고, 3년 후에는 다른 사람에게 명령을 내릴 권한을 부여받으며 연봉이 10배로 뛰어올랐다.

세상 어딘가에 있을 또 다른 톰 포터를 찾기 위해 사고가 나기만 기다려야 할까? 차라리 톰 포터를 찾기 위해 덫을 놓고 기다리는 것은 어떨까? 톰 포터는 우리 근처이거나 바로 앞에 있을지도 모른다. 이 세상에는 수많은 톰 포터가 있으며, 열심히 찾기만 한다면 발견되고 발전하기를 기다리는 그들을 찾을 수 있다.

나는 30년 동안 숲과 들판을 돌아다녔지만 단 한 번도 인디언 화살을 찾지 못한 한 사람을 알고 있다. 하지만 그가 그 화살에 대해 곰곰이 생각한 어느 날 문밖으로 나가 화살 한 개를 발견했고, 그 뒤로 많은 화살을 모았다. 무능함과 무관심, 시계만 내려다보는 성의 없음에 대한 불평을 멈춰보라. 그러면 그토록 찾으려는 사람이 바로 앞에 보일 것이다. 그런 사람은 언제 어디서나 존재하기 마련이다. 그러므로 무능하고 무관심하고 게으른 직원 때문에 고민하거나 투덜거리지 말고, 그 사실을 있는 그대로 인정하라. 그런 일에 신경쓸 시간에 아무도 눈여겨보지 않은 누군가가 자기가 맡은 일을 능숙하게 처리하고 있다는 사실에 집중하자.

죽은 지 2,500년이 지난 후에도 역사 속에서 등대처럼 빛나는 이름이 있다. 그는 능력 있는 사람을 알아보는 데 남다른 능력이 있었다. 그는 고대 그리스 아테네의 정치가이자 웅변가로, 고대 그리스 역사상 가장 유명하고 영향력 있는 인물 가운데 한 명이며, 특히 아테네를 만든 주역 페리클레스다. 고고학자들이 아테네를 샅샅이 뒤져 찾아낸 것들 대부분은 페리클레스가 키운 인재들이 만든 유물과 잔해들이다.

인재를 발굴하는 능력은 경쟁이 거의 없다. 하지만 우리는 늘 능력 있는 사람이 앞에 나타나지 않는다고 한탄한다. 지금이라도 늦지 않다. 인재가 어디 있는지, 인재를 어떻게 찾아낼지 생각해보라. 그러면 수십 세기 동안 그 자리에 서 있던 페리클레스를 받침대에서 밀어낼 수 있을 것이다.

# 링컨이 우리에게
# 말하는 것

\*\*\*

 에이브러햄 링컨이 후커 장군에게 보낸 편지를 보라. 링컨이 남긴 모든 편지와 메시지, 연설이 소실된다고 해도 후커에게 보낸 편지만 남아 있다면, 이 한 통의 편지만으로도 우리는 링컨의 참모습을 충분히 알 수 있을 것이다. 이 편지로 우리는 링컨이 자신뿐만 아니라 다른 사람의 마음도 다스릴 수 있었음을 목격한다. 이 편지는 현명한 외교술, 솔직함과 온화함, 유머와 재치, 무한한 인내심을 보여준다.
 당시 후커는 자신의 최고사령관이었던 링컨을 매우 가혹하고 부당하게 비판했다. 하지만 링컨은 이 모든 것을 눈감아주고, 후커가 가진 장점을 높이 평가해 그를 번사이드 장군의 후임으로 승진시켰다. 모욕을 받은 사람이 자신을 모욕한 사람을 승진시킨 것이다. 원하는 목적을 위해 모든 개인적인 사정은 묻혀버렸다고 해도 승진하는 사람은 진실을 알아야 했다. 그래서 링컨은 후커가 굴욕감을 느끼거나 분노를 느끼지 않도록 넌지시 진실을 전했다.

그 편지의 전문은 이렇다.

나는 장군을 포토맥 전선의 지휘관으로 임명했습니다. 이런 결정을 내린 것은 장군이 충분한 자격이 있다고 생각했기 때문입니다. 하지만 장군에게 아직 만족스럽지 못한 점이 몇 가지 있음을 말씀드리고 싶습니다.

나는 장군이 용감하고 훌륭한 군인이라고 믿습니다. 나는 그런 군인을 좋아합니다. 장군이 정치와 군인의 본분을 구분할 줄 안다고 믿습니다. 그런 면에서 장군은 올바르게 처신하고 있습니다.

장군은 자신감이 있습니다. 그것은 군인이 갖춰야 할 필수 조건은 아닐지라도 분명히 소중한 자질입니다. 장군은 야심도 있습니다. 야심이 적절한 범위라면 훌륭하고 멋진 일입니다. 하지만 번사이드 장군이 군을 지휘하는 동안 장군은 야심에 사로잡혀 번사이드 장군의 명령을 위반하고 따르지 않았습니다. 이는 동료에게 잘못한 것이자 국가에 대한 엄청난 잘못입니다.

나는 장군이 군대나 국가에 독재자가 필요하다고 한 말을 전해 들었습니다. 그 말은 지휘관으로 임명하는 데 도움이 되지는 않았지만, 그럼에도 불구하고 나는 장군을 지휘관으로 임명했습니다. 내가 장군을 지휘관으로 임명한 것은 장군이 그 말을 했기 때문이 아닙니다. 그런 말을 했음에도 임명했습니다.

성공한 장군만이 독재자라는 호칭을 쓸 수 있습니다. 내가 지금 장군에게 요구하는 것은 군사적 성공입니다. 그렇다면 나는 장군이 독재자라도 감수하겠습니다. 앞으로도 정부는 최선을 다해 장군을 지원하겠습니다.

지금까지 그렇게 해왔고 다른 지휘관들에게도 마찬가지입니다. 하지만 걱정스러운 일이 하나 있습니다. 장군은 병사들 사이에서 지휘관을 불신하는 풍조가 일어나는 데 일조했습니다. 그 결과가 장군에게 되돌아올까 두렵습니다. 나폴레옹이 다시 살아난다 해도 그런 분위기가 만연한 군대로는 좋은 성과를 기대할 수 없습니다. 그러니 앞으로 경거

망동하지 않도록 주의하시기 바랍니다. 전심전력으로 전진하여 승리를 안겨주시기를 바랍니다.

1863년 1월 26일
워싱턴 대통령 관저에서
링컨으로부터

이 편지에서 특히 주목할 만한 점은 독이 있는 땅에서 독초가 자란다는 점이다. 누군가를 헐뜯고, 비웃고, 불평하며, 비판하는 습관이 그것이다. 무언가를 이루고 행동하는 사람은 주위로부터 비난과 비방, 오해가 따르기 마련이다. 이는 위대함에 따르는 대가의 일부이며, 위대한 사람들은 이 사실을 이해한다. 그들은 비난과 오해가 위대함의 증거가 아니라는 것 또한 잘 알고 있다.

위대함의 최종적인 증거는 다른 사람들의 비난과 모욕에 분노하지 않고 견뎌내는 능력에 있다. 링컨은 모든 사람은 존재 자체로 충분한 이유가 있음을 알고 있었고, 그래서 자신에 대한 비판에 분노하지 않았다. 하지만 그는 후커가 뿌린 불화는 다시 그에게 되돌아와 그를 괴롭힐 것이라는 사실을 일깨워주었다.

"나폴레옹이 다시 살아난다 해도 그런 분위기가 만연한 군대로는 좋은 성과를 기대할 수 없습니다."

후커의 잘못은 그로 인해 다른 이들이 고통받지만, 가장 괴로운 사람은 결국 후커 자신이다.

얼마 전, 방학으로 집에 돌아온 한 대학생을 만났다. 그는 남들이 부러워하는 대학교에 다니고 있지만, 나는 그가 그 대학의 진정한 정신을 대변하지는 못한다고 확신했다. 그가 자신이 다니는 대학교를 비판과 냉소로 가득 차서 말했기 때문이다. 총장도 예외는 아니었다. 그는 구체적인 사례를 시간과 장소를 덧붙여 자신이 다니는 대학교의 총장을 조롱했다.

시간은 진실을 말하는 법이다. 얼마 지나지 않아 나는 그 대학교가 아니라 그에게 문제가 있음을 알아차렸다. 무시와 경멸을 자랑처럼 내세운 그는 그 대학과 어울리지 못했고, 학교로부터 어떤 유익한 도움과 혜택도 얻지 못할 것이다. 물론 어느 대학교라도 완벽한 곳은 없다. 그곳의 총장과 그 학교에 다니는 학생들 대부분이 그 사실을 기꺼이 인정할 것이다.

하지만 어느 대학교라도 배우고 익히려는 젊은이들에게

많은 것을 제공한다. 그리고 학생이 그것을 어떻게 활용할지는 전적으로 그들 자신에게 달려 있다. 그곳만이 지닌 가장 좋은 점을 힘껏 움켜쥘 때, 남들은 그 학교를 부러워하고, 그 학교에 다니는 당신을 선망할 것이다.

주는 것이 곧 받는 것이다. 그러므로 자신이 속한 조직을 지지하고, 조직에 충실하고, 조직이 하는 일을 자랑스러워하라. 당신을 가르치는 교수들을 믿고, 그들의 이론을 지지하라. 그들은 그곳에서 최선을 다하고 있다. 그곳에 문제가 있다면, 매일 최선을 다하고 즐겁게 배우고 일하는 모범을 보여 더 나은 곳이 되도록 만들어라. 남의 것을 넘보거나 탐하지 말고, 자기가 맡은 일에 집중하라.

자신이 속한 곳이 문제투성이고 책임자가 괴팍하다면, 개인적으로 그를 찾아가 조용히 그리고 공손하게 빈틈이 있다고 말하라. 잘못을 어떻게 고치면 좋을지 설명하고, 자신이 그 일을 맡아 결점을 바로잡아보겠다고 제안할 수도 있다. 그렇게 하라. 하지만 그렇게 하기 싫다면 둘 중 하나를 선택하라. 그곳을 떠나든지 그대로 따르든지. 둘 중 하나를 선택하고 행동하라. 누군가를 위해 일한다면,

그가 본받을 사람이라면 하늘에 맹세코 그를 위해 일하라.

그가 당신에게 생계를 유지할 임금을 준다면, 그를 위해 일하라. 그에 대해 좋은 말을 하고, 그를 긍정적으로 생각하고, 그와 그가 대표하는 조직을 지지하라. 내가 누군가를 위해 일한다면, 나는 늘 그를 위해 일할 것이다. 특정 시간에만 그를 위해 일하고, 나머지 시간에는 그를 반대하지는 않을 것이다. 내가 그를 위해 일한다면 그에게 전념해서 일하거나, 그게 아니라면 그 자리에서 벗어날 것이다. 궁지에 몰렸을 때, 한 줌의 책임감과 충성심은 한 묶음의 영리함보다 낫다.

자신이 속한 조직을 비난하고, 규탄하고, 끝없이 헐뜯어야 한다면, 차라리 그 일을 그만두고 나가서 마음껏 저주하라. 하지만 그 조직의 일원으로 있는 한 그 조직을 비난하지 마라. 조직에 해를 끼칠까 염려해서가 아니다. 조직을 비난할 때, 그것은 결국 그렇게 비난하는 자신을 헐뜯는 것이다.

그것은 조직을 단단하게 묶는 끈을 스스로 풀어버리는 것으로, 가장 처음 불어온 강풍에 그 이유조차 모른 채 뿌리째 뽑혀 날아갈 것이다. 어디를 가더라도 "경기가 안 좋아 일자리가 없습니다"라는 말만 들을 것이다.

이런 사람은 어디를 가더라도 만날 수 있다. 그들과 대화하다 보면, 그들은 원망과 냉소, 경멸과 비난으로 가득 차 있음을 알게 될 것이다. 그들은 모든 일에 흠집 찾기에만 급급하고, 그렇게 스스로 통로를 막아버린다. 조직 역시 그런 그를 외면할 수밖에 없다.

이들은 조직과 조화를 이루지 못하며, 조직에 아무런 도움도 되지 않는 사람은 그나마 있는 일자리마저 잃고 만다. 고용주들은 자신을 도울 사람을 끊임없이 찾아 헤맨다. 당연히 고용주는 조직에 도움이 되지 않는 이들을 경계하며, 조직을 해친다면 그것이 무엇이든 누구든 제거해야 한다. 이것이 거래의 법칙이자 회사라는 조직이 살아남는 기본이다. 이를 탓하지 마라. 이것은 너무나 자연스러운 일이다. 보상은 도움이 되는 사람에게만 주어지며, 도움을 주려면 공감과 지지가 필요하다.

상사나 고용주가 괴팍하고 경영 방식이 잘못되었는가? 자신이 인정받지 못하는 것은 낡은 조직 문화 때문인가? 자신이 일하는 조직이 불만스럽고, 자신이 맡은 자리가 초라해 보여 도저히 일할 마음이 들지 않는다면, 당장 기름

칠이 잘 된 미끄럼틀 위에 올라타라. 아래로 빠르게 미끄러져 내려오듯 재빨리 회사에서 빠져나오라. 당신이 다른 직원들에게 상사나 고용주가 괴팍한 사람이라고 말한다면, 당신 역시 그런 사람임을 드러낼 뿐이다. 당신이 조직의 방식이 낡았다고 말하고 다닐 때, 당신의 방식 역시 그렇다는 것을 보여줄 뿐이다.

흠집을 잡고, 비난하고, 불평하는 나쁜 습관은 사용할수록 날카로워지는 흉기와 같다. 처음에는 적당히 불만스러워하던 사람도 만성적인 불평꾼으로 변할 위험이 크며, 그가 갈아낸 칼이 결국 자기 목을 벨 수 있다.

링컨은 후커가 수많은 결함이 있었음에도 그를 승진시켰다. 하지만 당신의 고용주가 링컨처럼 넓은 아량을 가지고 있을 가능성은 희박하다. 링컨조차 후커를 영원히 보호할 수는 없었다. 후커는 맡은 일을 제대로 해내지 못했고, 결국 링컨은 그 자리에 다른 사람을 기용해야 했다. 후커와 달리 누구에게도 욕하지 않으며, 적조차 비판하지 않은, 조용한 성격의 조지 미드가 그 자리를 차지했다. 자신을 다스릴 줄 알고 조용했던 그는 후커가 차지하지 못했던 곳들을 차례차례 점령하며 남부군을 괴멸했다. 그는 불평 없이 자기 일에만 집중했고, 절대적인 충성심, 완벽한 신뢰, 흔들림 없는 충실함, 지칠 줄 모르는 헌신으로 전임자가 하지 못한 일을 해냈다.

자기 일에 집중하고, 다른 사람들도 그들이 맡은 일을 하도록 두자. 자기가 맡은 일을 충실히 하는 것, 그것이 결국 모두를 위한 일이다. 누구나 그렇게 말한다고, 당연한 것 않느냐고 반문할 것이다. 그렇다면 왜 당연하다고 생각하는 그것을 당연하게 하지 않는가?

가르시아 장군에게 보내는 편지를 건넸을 때 로완 중위는 그 편지를 받으면서 "그가 어디에 있습니까?"라고 묻지 않았다는 것을 기억하는가? 무엇인가 시작한다면, 그리고 지금 일하고 있다면 로완처럼 하라.

## 2장

### 더할 나위 없는 사람

# 지금 하는 일이 나를 말한다

***

　작은 호텔에서는 종종 프런트 직원을 호텔 간판으로 내세운다. 하지만 큰 사업은 공동 목표를 위해 성실하게 일하는 수많은 성실한 직원들로 이루어진다. 그것은 한 사람이 계획이 아닌, 다수가 운영하는 것이다. 여객선에는 승무원들이 탑승한다. 거기에 특별한 승무원은 필요하지 않다. 승무원이 다른 사람으로 바뀌어도 여객선은 똑같이 바다를 건널 것이다.

　어느 정도 수준에 이른 기업은 모든 업무를 회사의 이름 아래 진행해야 한다. 회사는 그 회사와 관련된 어떤 사람보다 더 중요하기 때문이다. 직원이나 종업원이 고객과 사적인 관계를 맺고 이득을 취하려는 것은 잘못된 행동이다.

자신의 이름을 걸고 사업을 하고 싶다면, 회사에서 나와 직접 자기 일을 해야 한다. 땅콩 가게도 개인적인 사업이다. 땅콩 장수가 떠나면 가게도 사라진다. 하지만 성공하는 기업은 이런 가게와는 차원이 다르다.

간혹 회사 고객을 자신의 소유로 여기는 이들이 있다. 회사는 일정한 정책, 즉 공정 거래라는 명예로운 이력을 가져야 하며, 이 이력이 없으면 회사는 살아남을 수 없다. 자신이 없으면 회사는 아무것도 아니라고 생각하는 이들에게 회사는 안정적인 일자리와 높은 급여를 주지 않는다.

회사의 정책을 반대하더라도 회사에 다니는 동안에는 회사에 자신을 맞춰야 한다. 집을 지키고, 지지하고, 자부심을 품고, 존중하고, 옹호하고, 회사의 이익을 자신의 이익처럼 여겨야 한다. 이렇게 하는 사람만이 진정으로 회사에 필요한 사람이 된다.

존슨 씨는 회사 고객을 자신의 소유로 여긴 대표적인 사례다.

병으로 잠시 휴가를 보내고 오자 그의 고객들 중 일부를 다른 직원이 담당하고 있었다. 그가 없는 동안 고객을 위해 한 일이었지만, 그는 자기 몫이 없어졌다며 몹시 화를

냈다. 회사의 고객이 아니라 자기 고객을 다른 직원이 가져갔다고, 자기가 맡은 고객은 자기 것이라며 회사에 항의했다. 하지만 뜻대로 되지 않자, 개인적인 이익이 먼저였던 그는 음모를 꾸미기 시작하고, 당연히 동료들과 다툼이 일어났다.

회사 내의 일로 불만이 쌓인 그는 고객에게 보낼 우편물을 보내지 않았고, 우편물을 받아야 할 고객은 몹시 당황해 회사에 급하게 연락했다. 그에게는 너무나 사소하게 보이는 행동이 회사의 운영 시스템과 고객들의 신뢰를 흔들었고, 동료들과의 다툼은 회사를 혼란에 빠뜨렸다. 하지만 얼마 지나지 않아 회사는 안정되었고, 그는 모든 이들의 뇌리에서 완전히 사라졌다. 그가 다녔던 회사는 여전히 제 길을 가고 있다.

이기주의자는 새로운 직장을 구하겠지만, 그곳에서도 전과 같은 행동을 반복할 것이다. 이런 사람은 어디서나 배우지 못한다. 새로운 직장에서도 곧 더 나은 직장에 들어가기 위해 경쟁사와 접촉할 것이며, 자신의 '선의'를 이어가려 할 것이다. 비난은 그를 고용했던 회사로 돌아간다. 이기주의자는 자기 돈으로 사업을 한다는 착각에 사로잡혀, 분리나 이직이 아니라 협력을 통해 승리할 수 있다는 위대한 진리를 간과한다.

회사의 이익은 곧 당신의 이익이다. 그렇게 생각하지 않는다면 당신은 이미 추락하는 중이다. 회사에서 무한한 능력을 발휘하는 사람은 위기가 닥쳐와도 도망가거나 사직하지 않는다. 오히려 그들은 불리한 상황과 정면으로 맞서고 실패라는 치욕을 감수한다. 날씨가 흐려도 하이킹을 하는 데 문제가 없다고 생각하는 회사의 방침을 잘 이행할 것이다. 실패에 대한 책임을 떠맡지 않는 한 나눠 가질 이익도 없다는 것을 명심하라.

# 더할 나위 없는 사람

\*\*\*

"그는 어떤 일을 맡아도 더할 나위 없는 사람입니다."

얼마 전, 은행가 친구에게 어떤 사람의 신용을 확인하는 편지를 보냈다. 그의 답장에는 이렇게 적혀 있었다. 나는 이 전보를 잘 보이도록 책상 위에 붙여 두었다. 그날 밤 그 말이 머릿속에 맴돌았는지 꿈에도 나왔다.

다음 날 나는 지인에게 그 전보를 보여주며 말했다.

"누군가가 다른 사람에게 나를 소개할 때, 더할 나위 없는 사람이라고 말해주면 좋겠습니다."

하지만 애석하게도 더할 나위 없는 사람은 그리 흔하지 않다. 더할 나위 없는 사람이란 모든 믿음에 진실하고, 자신이 한 말을 지키며, 자기가 맡은 일에 성실하고, 모욕적인 언사에 귀를 기울이거나 욕하지 않으며, 예의 바르게 말하고, 낯선 사람에게 무례하지 않으면서도 정중하며, 아랫사람들을 배려하고, 식사와 음주를 절제하며, 항상 배우려 하고, 조심스러우면서도 용감한 사람이다.

그런 사람은 저마다 능력이 제각각이겠지만, 한 가지 공통점이 있다. 그들은 운전사이든 기관사이든, 사무원이든 회계 담당 책임자이든, 기술자이든 사장이든 직위에 상관없이 함께하기에 안전한 사람이다.

편협한 이들은 과도해진 자아로 인해 고통받는다. 그들은 자신의 잘못을 사과하지 않고, 어디든 가장 높고 좋은 자리에 앉기를 바라며, 듣기 좋은 말과 칭찬, 존경을 요구한다. 그리고 다음 날 아침 신문 기사를 걱정해 기꺼이 자살을 감행하기도 한다. 그들은 더할 나위 없는 사람의 정반대다. 그들은 자신이 부당하게 대우받고 있다고 상상하며, 누군가 자신을 노리고 있고, 세상이 자신을 헐뜯는다고 생각한다. 그는 기이하고, 특이하며, 불확실하고, 엉뚱하고, 변덕스러운 것에 집착한다.

더할 나위 없는 사람은 보통 사람들과 다르게 생겼을지도 모른다. 옷차림이 다르고, 말투도 보통 사람들과는 같지 않을 수 있다. 하지만 설령 그가 별나더라도 그는 그에 개의치 않는다. 그는 자신의 본성에 충실하다. 그는 언제나 그 자신이다. 그는 사람들이 그가 하는 일에 대해 뭐라고 말할지에는 전혀 신경쓰지 않고, 자신이 맡은 일을 하는 데 관심을 기울인다. 그는 구경꾼들에게 시선을 주지 않는다. 그는 옳다고 생각한다면 생각한 대로 행동하고, 행동에 나서면 많은 생각을 하지 않는다.

더할 나위 없는 사람은 어릴 때부터 쓸모 있는 사람이 되기 위해 애쓰고, 시간과 돈을 효율적으로 사용한다. 반면에 편협한 사람은 거의 예외 없이 일에서 제외된다. 그들은 투정 부리고, 다른 사람의 보살핌부터 받으려 하고, 그렇게 다른 사람들로부터 비웃음거리가 된다. 세상을 자기 손아귀에 쥐고 있다고 생각하는 사람, 쾌락을 위해서라면 무엇이든 하려는 사람은 그가 특정 분야의 천재라고 해도 위험하다.

더할 나위 없는 사람은 오직 한 사람, 자기 자신에게 집중한다. 그는 자신이 벌지 않은 돈은 쓰지 않고, 자신의 몫은 스스로 치른다. 공짜로 주어지는 것은 없다는 것을 누구보다 잘 알고, 남의 재물에 손도 대지 않는다. 무슨 말을 해야 할지 모를 때, 내용을 정확하게 알지 못할 때는 말을 삼간다. 자신이 맡은 일의 의미와 가치를 모른 채 일하지 않는다. 우리는 지적 성취나 우월함뿐만 아니라 도덕적 품성 역시 중시해야 한다. 인생에서 도덕적 품성만큼 중요한 것은 없다. 습관적으로 약속을 어기고 신뢰를 저버리는 사람이 똑똑하기까지 하다면 더 위험하다.

나는 대학이 똑똑한 사람보다 신뢰할 수 있는 사람을 양성하기를 바란다. 대학 총장이 추천서에 당신에 대해 이런 글을 남긴다면 얼마나 뿌듯할까?

"그는 어떤 일을 맡아도 더할 나위 없는 사람입니다."

# 그것은 신성하다

\*\*\*

 사람은 행복하기 위해 태어났으며, 행복은 유익한 노동으로만 얻을 수 있다. 이 말은 자명한 사실이다. 자신을 돕는 가장 좋은 방법은 다른 사람을 돕는 것이며, 때로는 자기 일에 묵묵히 집중하는 것이 다른 사람을 돕는 가장 좋은 방법이기도 하다.

 유익한 노동이란 자신이 지닌 능력을 적절히 사용하는 것이다. 인간은 반복과 훈련을 통해서만 성장한다. 교육은 평생 멈추지 말아야 한다. 특히 나이가 많은 사람일수록 정신적 노력의 기쁨에서 위안이 찾아야 한다. 일과 놀이, 공부를 적절히 잘한다면 정신은 퇴화하지 않으며, 그런 사람에게 죽음은 두려운 일이 아니다.

부유하다고 해서 유익한 노동에서 벗어날 수는 없다. 모든 사람이 조금씩만 일한다면 누구도 과로로 쓰러지는 일은 없을 것이다. 세상에 낭비하는 사람이 없다면 모든 사람이 충분히 누릴 것이다. 과식하는 사람이 없으면 영양실조에 시달리는 사람도 없을 것이다. 가난하고 배우지 못한 사람들만큼이나 부유하고 지식이 있는 사람들도 교육이 절실하다.

상하 계급을 나누는 것은 문명의 오점이자 수치다. 피지배계급이 존재함으로써 발생하는 불이익은 노예제의 저주가 노예 소유주에게 돌아간 것처럼 받드는 자가 아니라 받들어지는 자에게 돌아간다. 피지배계급의 시중을 받는 사람은 다른 사람의 권리를 올바르게 생각하지 못하며, 그들은 시간과 물질을 낭비한다. 낭비된 시간과 물질은 영원히 사라져버린다. 사라져버린 시간과 물질을 보상하는 길은 더 많은 노력으로만 가능하다.

다른 사람의 노동으로 살아가면서 그 보답으로 자기가 가진 능력을 최대한 발휘하지 않는 사람은 삶을 소비하고 있다는 점에서 식인종과 다를 바 없다. 유익한 봉사에는 신분의 높고 낮음이 없다. 일주일 중 하루를 성스러운 날로 따로 정해놓는 것은 터무니없다. 모든 의무와 직분, 그리고 사물들은 인류를 신성하게 하는 데 유용하고 필요하다. 그 외에는 어떤 것도 신성하지 않으며, 그 안에 신성이 깃들 수도 없다.

# 억지로 일하지 마라

***

 상식의 기준에서 가장 첫 번째 항목은 순응이다. 온 마음을 다해 자신이 맡은 일에 최선을 다하라.

 때로는 저항도 해야겠지만, 저항과 순응을 섞으려는 사람은 자기 자신뿐만 아니라 자신과 관계된 모든 사람을 실망시킬 것이다. 일에 저항을 섞는 것은 실패하는 지름길이다. 우리가 저항하거나 반항하는 것은 모든 사람과 모든 것을 향해 "꺼져라!"라고 말하는 것과 같다. 이는 우리가 섬기는 사람들과 우리를 완전히 분리시켜 반항하는 자신을 공공연히 드러낼 뿐이다.

 하찮고 불공정하다고 여겨지는 일이 주어졌을 때, 그 즉시 그 자리에서 털고 일어나는 사람은 그나마 괜찮은 편이다. 그런 잘못된 환경과 명령에 겉으로는 웃으며 받아들이면서 뒤로는 불평불만만 들먹이는 사람은 매우 위험한 존재다. 겉으로는 따르는 척하면서 마음속으로 반항심을 품는 사람은 아무런 성의 없이 대충대충 일할 것이다.

반항과 순응이 동등한 힘을 가진다면 동력은 중간에 멈춰버릴 것이며, 이는 자기 자신뿐만 아니라 누구에게도 도움이 되지 않다. 순응의 정신은 받아들이는 마음과 열린 마음으로 충만하다. 주의해서 배의 키를 조종하며 항해하는 배와 그렇지 않은 배를 생각해보자. 배의 키에 따르지 않는 배는 얼마 지나지 않아 암초에 부딪힐 것이다. 암초에 부딪히지 않으려면 항해 지침을 잘 따라야 한다.

순응은 이 사람이나 저 사람에게 노예처럼 복종하는 것이 아니다. 순응은 상황에 따라 기꺼이 응하며 불평 없이 내면적이든 외면적이든 그 일을 해내는 긍정적인 마음가짐이다.

단체나 사회에 대한 순응은 책임감이다. 순응하는 법을 배우지 못한 사람은 어디를 가더라도 어려움이 뒤따른다. 세상이 그를 계속해서 괴롭히는 것은 세상이 잘못되어서가 아니라 그가 세상을 괴롭히기 때문이다. 명령을 받는 법을 모르는 사람은 다른 사람에게 명령을 내릴 자격이 없다. 반면에 주어진 명령을 실행하는 법을 잘 아는 사람은 명령도 더 잘 내릴 줄 안다.

# 내일을 묻기 전에

***

"수석 졸업생과 졸업식 때 졸업생 전체를 대표해 시를 낭송하던 학생은 지금 어떻게 살고 있을까?"

이 질문의 대상이 된 두 사람에 대해 알려주겠다. 수석 졸업생은 지금 백화점에서 가장 부지런하고 훌륭한 매장 관리인으로 일하고 있으며, 졸업식 날 시를 낭송한 학생은 지금 이 글을 쓰고 있다.

우리는 목표에 집중한다. 우리는 인생의 출발점에 서서 세상을 바라보며 더 나은 세상으로 나아갈 준비만 한다. 우리는 저마다 자기가 누릴 즐거움을 위해 세상을 얻으려 애쓴다. 우리는 목표를 향해 시선을 고정하지만, 돌아보면 차라리 감옥을 바라보는 게 나았을지도 모른다. 목표에만 시선을 고정하는 것은 어리석은 일이었다. 목표에만 집중하는 행위는 현재 맡은 일에 집중하지 못하게 하고, 그 일을 맡은 현재의 나를 놓치게 한다.

목표만 생각하는 것은 마음속으로 그 거리를 반복해 여행하며, 얼마나 끔찍하게 멀리 있는지 곱씹는 것과 같다. 멀리 있는 것에만 매달려 자신을 소모하느라 절망하며 좌초하고 만다. 물론 백화점 매장 관리인이나 작가는 나쁘지 않다. 하지만 문제는 그것이 목표가 아니었다는 점이다.

위대한 일을 하기 위해서는 마음을 비우고 현재에 충실해야 한다. 마지막에 닿을 곳이 어디인지는 아무도 모른다. 우리는 모두 봉인된 명령서를 갖고 항해 중일 뿐이다. 오늘 할 일에 최선을 다하고 하루를 온전히 살아가라. 이를 실천하는 자는 신이 주신 선물을 잘 보존한다. 그는 시류와 운명에 쉽게 휩쓸리는, 연약하고 얇은 거미줄 같은 삶을 살지 않는다.

오늘 일을 잘 해내는 것이 더 나은 내일을 위한 확실한 준비다. 과거는 영원히 우리 곁을 떠났고, 미래는 닿을 수 없으며, 오로지 현재만이 우리 것이다. 매일매일 하는 일은 다음 날의 임무를 위한 준비다. 그러므로 현재를 살아

라. 그토록 바라는 날은 지금 누리는 시간 안에 있고, 그 시간은 지금을 가리킨다. 기도할 가치가 있는 것은 오직 하나, 지금 이 순간뿐이다.

# 습관이 사람을 만든다

***

1880년대 말, 토머스 J. 포스터는 펜실베이니아 셰넌도어에서 일간지 편집자로 일하고 있었다. 그는 평범하고 온건한 성격으로, 범죄를 저지른 적이 없고, 자신이 사는 지역을 벗어나지도 않았다. 그는 점원, 상점 주인, 인쇄공을 거쳐 편집자가 되었다. 이런 자연스러운 진화는 그가 어렸을 때부터 습득한 '공부 습관' 덕분이었다.

여기서 잠깐 덧붙이면, 모든 사람은 습관에 지배받는다. 습관이 자리잡지 않았을 때는 새끼 사자처럼 다루기 쉽지만, 어느 순간부터는 습관이 자신을 지배한다.

나쁜 습관은 지옥의 입구로 직행하는 길이다. 이에 반해 좋은 습관은 절실한 멘토이자 수호천사이며, 잠자고 일하고 생각하는 것을 도와주는 하인이다. 특히 공부 습관은 자기 몸에 익힐수록 남들보다 특별한 사람을 만들어준다. 공부 습관을 한번 습득하면 죽음만이 그것을 빼앗아 갈 수 있다. 아니, 죽음조차 그것을 떼어놓지 못할 것이다.

포스터는 공부 습관을 터득했다. 그가 50세에 가까웠을 때 그는 자신이 원하는 삶에 도달했을지도 모른다. 하지만 그에게는 다른 생각이 있었다. 그의 모든 인생은 그것에 따라 진행되었다. 그 생각은 비극에서 비롯했고, 비극에서 축복을 찾아냈다. 그 과정에 엄청난 짐을 짊어져야 했지만, 그는 기꺼이 그 짐을 떠안았다.

포스터에게는 은행가이자 석탄 회사를 운영하는 친구가 있었다. 그 친구가 몇몇 지인을 모아 탄광 시찰을 나갔다. 그런데 밤이 되도록 일행은 숙소에 돌아오지 않았다. 사람들은 그들이 인근 마을에 갔으리라 생각했지만, 인근 마을 사람들조차 그들의 행방을 알지 못했다. 사람들이 그들을 마지막으로 본 것은 그들이 탄광으로 들어갈 때였다.

광부들은 탄광 깊이 들어가기를 망설였다. 탄광 깊은 곳에 치명적인 병균이 퍼져 있으며, 그곳에 유령이 출몰한다는 미신이 퍼져 있었다. 광부들이 수색을 꺼리자, 포스터는 친구를 구하기 위해 구조대를 이끌고 와서 깊은 어둠 속으로 직접 내려갔다. 어둠 속을 더듬거리며 내려간 지 얼마 지나지 않아 그가 든 횃불에 친구의 생기 없는 모습이 비쳤다. 친구의 등에는 한 사람이 업힌 채 죽어 있었다. 친구는 그 사람을 등에 업고 빠져나오다가 함께 죽음을 맞이한 듯 보였다. 수색 결과, 탄광에 들어간 일행 모두 시신으로 발견되었다.

무엇이 그들을 죽음에 이르게 했을까? 탄광에서 일하는 광부들조차 이유를 알지 못했다. 그곳은 아무런 소리도, 맛도, 냄새도 없는 곳이었다. 그것이 그들이 아는 전부였다. 어떤 이들은 이를 '악마의 손길'이라 불렀다.

하지만 포스터는 그 정체를 알고 있었다. 그는 모든 결과에는 원인이 있다는 것을, 그리고 원인을 알면 그것은 더이상 신비롭거나 기적이 아니라는 것을 알고 있었다. 이런 비극은 이전에도 계속되었다. 어쩔 수 없다는 인식이 만연했으며, 희생자들은 살아 있는 이들의 기억 속에서 지워졌고, 그들의 빈자리를 다른 이들이 즉시 메웠으며, 비통에 빠진 가족들에 대해서는 모두 잊고 지냈다. 세상은 바쁘게 돌아가고, 빈자리는 다음 사람이 채우는 법이라고 말할 것이다.

포스터는 광부들이 무지와 위험 속에서 목숨을 걸고 일하도록 사회가 방치하고 있다고 생각했다. 그래서 광부들이 교육을 충분히 받아 그들의 생명을 스스로 보호하고 세상의 이치를 깨우칠 수 있도록 해야 한다며, 이를 촉구하는 칼럼을 지역 신문에 실었다. 이 글에 여론이 호응했고, 광부들이 작업 과정을 안전하게 수행하고 지식 수양을 위한 기술 교육을 의무화하는 법률이 통과되었다.

처음에는 이 법이 다수의 선한 사람들에게 불이익을 주는 듯 보였다. 그중 일부는 교육을 거부했고, 이 모든 일이 포스터 때문이라며 강하게 비난했다. 포스터는 그들과 싸우기보다 그들을 자신의 사무실로 초대해 모든 질문에 성의껏 답했다. 그들이 꺼리는 교육이 왜 필요하고, 그럼으로써 탄광의 노동 환경을 얼마나 개선할 수 있는지 설명했다. 그렇게 광부들은 매일 저녁 포스터의 성소에 모였다.

이 힘센 남자들 대부분은 긴 나눗셈에 겁을 먹고 소수점을 계산하느라 애를 먹었지만, 포스터가 알기 쉽게 정리한 수업 내용, 그의 인내와 애정으로 그들의 두려움은 사라졌다. 수업은 정말 쉬웠다. 방법만 알면 모든 것이 쉬운 법이다. 그의 수업을 들은 광부들은 자신들이 한때 두려워했던 것을 떠올리며 웃음을 터트리곤 했다. 멀리 떨어진 곳에 사는 광부들은 자신이 푼 산수 문제나 예제를 우편으로 보내 첨삭 지도를 받았다.

포스터의 칼럼은 그 지역에만 머물지 않았다. 광부들을 위한 교육은 펜실베이니아 전역과 웨스트버지니아, 오하이오까지 퍼졌다. 이 교육은 광부들의 욕구를 채워주었다. 그들은 일하면서 업무에 필요한 교육을 받았다. 그렇게 교육받은 광부들은 감독관이 되었고, 감독관들은 관리자가 되었다. 정부 시찰단이 필요할 때면 '포스터의 사람들'이 항상 앞자리를 차지했다.

공부 습관을 갖게 된 사람들은 술집에 오래 머물지 않았다. 그들은 여윳돈이 생기면 가장 먼저 교재를 샀다. 저녁 시간에는 등불 아래에서, 종종 아기 요람을 흔들면서 배운 것을 복습했다.

누구나 이미 고민하던 문제였지만, 포스터라는 한 사람의 생각과 행동으로 현실이 되었다. 그는 수천 명에게 영감을 주었지만, 그가 한 것이라곤 그 길을 가는 방법을 알려주었을 뿐이다. 우리는 흔히 선생님이 곁에 있어야 배울 수 있다고 생각한다. 하지만 진정한 공부는 스스로 헤쳐나가고 해결하면서 이루어진다. 포스터는 그들에게 자기 자신을 돕도록 손을 잡아주었을 뿐이다.

광부들을 위한 교육에 도전해 성공을 거두었다면, 다른 분야도 마찬가지 아닐까? 광부들의 열의에 놀란 포스터는 본격적으로 교육 사업에 뛰어들었다. 펜실베이니아 스크랜턴에 국제통신학교를 세운 것이다. 이 학교는 15년 만에 학생 수가 100만 명이 넘어섰다. 예술, 섬유, 수공업, 상업을 아우르는, 200개가 넘는 강좌를 개설했다. 그의 제자들은 각계각층의 다양한 연령대의 남성과 여성이었다. 국제통신학교는 하버드, 예일, 프린스턴, 다트머스 대학교가 매년 받아들이는 학생보다 더 많은 학생을 매달 등록시켰다.

150개 철도 회사 직원들이 국제통신학교에 가입해 교육하도록 했고, 이로써 직원들이 고객의 생명과 재산을 더 잘 보호할 수 있도록 했다. 많은 대학이 그의 학교와 협력

관계를 맺어, 국제통신학교의 교재를 사용했다. 미국 정부는 그의 교육 사업을 공식적으로 승인했으며, 해군, 공학 및 전기 분야에서는 그가 가르친 학생들을 가장 먼저 선발했다. 그의 학교는 세계에서 가장 크고 성능 좋은 인쇄 시설을 보유하고 있다. 당시 미국 성인 27명 중 한 명은 그가 세운 국제통신학교의 학생이었다.

최근에 나는 그가 세운 국제통신학교의 창립 15주년 기념식에 참석했다. 전 세계에서 2천 명이 모였는데, 대부분 교육 관련 종사자들이었다. 좋은 음악과 훌륭한 연설이 기념식장 안을 가득 채웠다. 나는 이 드넓은 공간에서 그의 생각과 행동이 어떤 결과물을 만들어냈는지 직접 목격했다. 생각의 유용성은 조직과 방법에 달려 있다. 그리고 이 학교는 확실히 설립자의 가치를 그대로 이어받았다. 질서, 청결, 고요함, 아름다움, 빛, 환기, 위생이 이 학교의 상징처럼 여겨진다.

저녁 연회에는 1,000명의 남성과 500명의 숙녀가 참석했다. 하지만 흥청망청 술 마시거나 음란한 대화를 나누는 분위기와는 전혀 달랐다. 나는 수많은 연회에 참석했지만, 이번처럼 특별하고 생기 넘치는 분위기는 처음이었다.

청중은 연설 내용에 공명했다. 연회는 활기 넘치는 축제였지만, 그 안에는 예리하고, 고상하고, 세련되고, 지적인 분위기가 감돌고 있었다. 자신의 힘으로 일어선 사람이라면 누구나 앞에 나서서 말할 기회를 얻었다. 그 공간은 바쿠스의 향연이 아닌, 미네르바의 숨결이 지배하고 있었다. 그들이 마음껏 펼쳐 놓은 생각들은 참석자들 모두의 생각과 일치했다. 중요한 것은, 이 행사를 가득 채운 공부에 대한 열정, 지혜, 모두의 교감은 15년 전 한 가지 생각을 실행에 옮긴 포스터가 있었기 때문이라는 것이다.

포스터의 남다른 인생은 그가 어렸을 때부터 습득한 습관 덕분이다. 그의 좋은 습관이 그에게 성공을 이끌어주었고, 그 습관이 오늘날 남들이 부러워하는 그를 만들었다. 거듭 강조하지만, 습관이 사람을 만든다.

# 나는 안다

*＊＊*

 법정에서 '나는 믿는다'라는 말은 아무런 효력이 없다. 판사나 검사는 증인에게 "믿는 것이 아니라 아는 것을 말해주십시오"라고 경고한다. 종교에서는 믿음을 우리의 감각이 말해주는 것보다 더 중요하다고 여겨 왔다. 거의 예외 없이 믿음은 유산으로 물려받았다.

 미래의 신념은 '나는 믿는다'가 아니라 '나는 안다'로 시작될 것이다. 미래의 신념은 사람들에게 강요되지 않을 것이다. 그것을 받아들이면 영생을 얻는다는 감언이설이나 받아들이지 않으면 지옥에 간다는 협박도 없을 것이다. 그것은 조작되지 않고, 어딘가에 종속되는 일도 없으며, 지원을 요청하지도 않을 것이다. 그것은 합리적이고 자기

보존 능력을 지니고 있기 때문에 올바른 정신을 가진 사람이라면 누구나 그것을 거부하지 않을 것이다. 우리가 진정으로 '나는 안다'는 신념을 갖고 실천한다면 그에 대해 더 이상 언급할 일도 없을 것이다.

나는 안다. 어느 것도 영원하지 않고, 모든 것이 변화하는 세상에 살고 있으며, 따라서 나도 조금씩 변할 수 있고, 나의 변화가 많은 이들에게 영향을 미칠 수 있다는 것을. 나는 또한 많은 이들에게 영향을 받고 있으며, 세상을 떠난 사람들의 모범과 업적에 영향을 받고 있다는 것을.

나는 안다. 내가 지금 하는 일이 후세에 영향을 미치고 그들을 변화시키리라는 것을. 나의 특정한 사고방식과 행동 습관이 다른 사람들의 평화와 행복, 참됨을 도울 것이고, 나의 생각과 행동이 그들에게 고통과 불화를 가져다줄 수도 있다는 것을. 나는 내가 행복을 누리고 지키려면 다른 사람에게 호의를 베풀어야 한다는 것을 안다. 일을 지속적이고 효과적으로 하려면 육체적 건강이 필수적이다. 나는 모든 행동이 습관에 크게 좌우된다는 사실을 잘 안다. 습관은 실천을 통해 이루어진다. 실천을 통해 어느 정도까지 수준이 올라가면 이후부터는 수월해진다.

나는 안다. 모든 삶이 영혼의 구현이라는 사실을. 나의 영혼은 나의 몸에 영향을 미치고, 나의 몸도 내 영혼에 영향을 미친다. 나는 나의 몸과 영혼이 조화를 이룰 때 우주는 더없이 아름답고, 그 안에 있는 모든 것과 모든 사람은 선하고 아름다워진다는 것을 안다.

두려움에 사로잡히지 않으면 나의 생각은 희망적이고 유익하다는 것을 안다. 두려움을 없애기 위해서는 내 삶을 유익한 일, 즉 나 자신을 잊고 몰두하는 그 일에 헌신해야 한다.

나는 야외에서 신선한 공기를 만끽하고 규칙적으로 적당하게 운동하는 것이 지혜의 일부임을 안다. 나 자신을 위해 원망하거나 쉽게 기분을 상하게 할 여유가 없다. 행복은 선으로 향하는 위대한 힘이며, 절제와 평정심 없이는 불가능하다는 것을 나는 안다. 사람들이 친절하게 행동하고 인내한다면 모든 불화가 화합으로 바뀔 것이다. 그리고 삶이 숨겨 놓은 보상은 게으름이나 휴식, 일로부터의 면제가 아니라 더 향상된 능력과 더 큰 도전, 더 많은 일이라는 사실을 나는 안다.

3장

인생을 묻기 전에

# 어떻게 살기를 바라는가

***

소크라테스는 제자에게 이런 질문을 받았다.

"우리가 엘리시움에 도달하면, 그때 우리는 어떤 사람이 될까요?"

소크라테스는 이렇게 대답했다.

"여기서와 같은 사람이 될 것이다."

엘리시움은 그리스 신화에서 신들이 총애한 영웅들이 사후에 가는 이상향으로, 만약 우리에게 엘리시움과 같은 내세가 존재한다면, 우리는 지금 그것을 준비해야 한다. 내일을 위해서는 오늘 준비해야 하듯.

우리는 내일 어떤 사람이 될까? 오늘 한 만큼 내일은 오늘과 다를 것이다. 다음 달의 모습은 이번 달에 어떻게 했는지에 달려 있다. 오늘 하루를 비참하게 보냈다면, 내일 행복할 가능성은 거의 없다. 천국은 습관이다. 천국에 가고 싶다면 천국에 익숙해져야 한다. 삶은 미래를 위한 준비다. 미래를 위한 최선의 준비는 지금 이 순간이 생의 마지막인 것처럼 사는 것이다.

우리는 늘 노년을 준비하고 있다. 노년을 아름답게 만드는 두 가지가 있다. 하나는 감수하고 받아들이는 마음이며, 다른 하나는 다른 사람의 권리를 정당하게 인정하는 것이다.

〈폭군 이반〉은 제정 러시아 최초의 절대군주 이반을 중심으로 한 희곡이다. 우리는 어리석음과 심술, 이기심, 불평의 집합체인 한 폭군의 삶을 이 연극에서 엿볼 수 있다. 심지어 이 폭군은 다른 사람을 죽일 수 있는 권한을 지녔으며, 변덕과 난폭한 성격으로 기분에 따라 이를 실행해 왔다. 그는 복수심에 불탔고, 잔인했으며, 싸움을 즐기고, 폭압적이었다.

그런 그가 죽음이 다가옴을 느끼자 신과 화해하려 한다. 하지만 그것은 이미 너무 늦었다. 그는 인간이라면 누구나 평생 노년을 준비해오고 있었음을 젊은 시절과 중년에는 미처 깨닫지 못했다. 인간은 인과관계의 결과물이며, 그 결과의 상당수는 자기 손에 달려 있다. 삶은 유동적으로, 흔히 '삶의 흐름'이라 부르는 것도 당연하다. 인생이 어딘가로 흘러가는 것을 잊곤 하지만, 인생은 그 방향으로 흘러가고 있다.

황제 이반의 망토와 왕관을 벗겨내면, 그는 어디서나 흔한 늙은 농부일 수도 있다. 모든 곳에는 그들만의 이반이 있다. 이반이 되려면 자신의 힘이 미치는 누구에게나, 또는 어떤 것에나 있는 대로 성질을 부리고 잔인함을 행사하기만 하면 된다. 그 결과, 늘 불평하고 불만스러우며, 다툼을 일삼고 시비를 걸며, 잔소리 많고 고지식한 노년의 삶이 기다리고 있을 것이다. 무능하고 무기력함으로 더는 누구에게도 도움이 되지 않고, 누구도 그의 도움을 바라지 않는다.

울화와 짜증은 유아기만의 전유물이 아니다. 〈리어왕〉과 〈폭군 이반〉의 등장인물들은 공통점이 있다. 리어 왕은 자기 딸들에게 버림받음으로써 청중의 동정심을 불러냈지만, 〈폭군 이반〉의 작가는 〈리어왕〉이 억지스러운 동정심을 얻어내려는 부조리하고 불완전한 작품이라고 생각했을 것이다.

끊임없이 저속한 말을 해대고, 명성에 먹칠하는 골칫덩어리 리어 왕은 사실 우리에게 동정받을 자격이 없는 인물이다. 그는 평생 자기가 그런 대우를 받아 마땅하도록 세 딸을 가르쳤다. 그가 평생 해온 일 때문에 그는 결국 한밤중의 무시무시한 폭풍우 속으로 내쳐졌다.

"은혜를 모르는 자식은 뱀의 이빨보다 얼마나 더 날카로운가!"

그는 이렇게 외친다. 하지만 은혜를 모르는 자식만큼이나 나쁜 것이 있다. 그것은 바로 늘 욕설하고, 분노하고, 변덕스럽고, 감사할 줄 모르는 부모다. 여기서 〈리어왕〉의 오류는 리어 왕에게 코델리아 같은, 진심으로 아버지를 사랑한 딸이 있다는 점이다.

이반은 끔찍한 인물이다. 이 황제는 70세에 이르지 않았지만, 관객은 죽음이 그의 뒤를 바짝 쫓고 있음을 알 수 있다. 이반은 평정심을 잃었다. 그는 다른 사람의 말을 주의 깊게 듣지 않고, 자기 마음대로 결정한다.

그는 다른 사람이나 그 어떤 것도 깊이 생각하지 않고,

숙고하거나 배려하지 않는다. 이것이 그의 삶의 태도이자 습관이다. 그의 깡마른 손은 결코 가만히 있지 않는다. 그는 불안한 듯 손가락을 늘 접었다 폈다 하고, 마음을 놓지 못해 무언가를 끊임없이 잡아당긴다. 가슴의 십자가를 계속 만지작거리고, 장신구를 더듬거리고, 수시로 수염을 만지고, 신경질적으로 일어났다가 앉았다가를 반복하다가 초조하게 뒤를 살핀다.

사람들이 그 앞에서 무릎을 꿇으면 저주를 퍼붓고, 서 있으면 왕에 대한 존경심이 부족하다고 비난한다. 그는 국정을 떠맡는 부담에서 자유롭기를 원하면서, 백성들이 그 말을 그대로 받아들일까 봐 두려워한다. 신하들이 국정을 염려해 그에게 러시아의 통치자로 남아주기를 요청하자, 그는 감당하기 힘든 짐을 자신에게 지운다며 저주를 퍼붓고 비난했다.

쓰러질 듯 비틀거리고, 침과 콧물을 흘리고 다니는 이 늙은 남자는 사랑에 빠져 젊고 아름다운 소녀와 결혼하기로 한다. 그는 그녀에게 줄 보석을 고르면서 그녀의 아름다움이 찢어질 듯한 비명 속에서 어떻게 변할지 비웃듯 언급한다. 젊은이의 야수성에는 자연스러움과 매력이 흘러

넘치지만, 늙은이의 악덕은 미치광이 짓에 불과하며 극도로 역겹다.

그는 여전히 절대적인 군주이기에 그 주위의 사람들은 그를 두려워한다. 그는 그들을 좋은 자리에 앉히거나 불명예스럽게 실각시키고, 그들의 목숨을 죽이고 살릴 힘이 있다. 그들은 그가 웃으면 따라 웃고, 그가 얼굴을 찌푸리면 덩달아 찡그렸으며, 그때그때 그의 변덕스러운 기분을 살핀다. 그는 극도로 종교적이어서 사제의 망토와 두건으로 치장한다. 그의 목에는 늘 십자가상이 걸려 있고, 참회와 용서의 기회 없이 죽음을 맞을까 전전긍긍한다. 그는 매 순간 기도하며 십자가에 입을 맞추고, 이가 모두 빠진 입으로 오물거리며 신에게 기도하다가도 갑자기 인간에 대한 저주를 퍼붓는다. 누군가 그에게 말을 걸면 왕좌에 기대앉아 다리를 긁으며 욕설을 퍼부을 것이다. 지금 그 말을 들어보라.

폭군 이반의 변덕스러운 고백 속에서 우리는 그의 과거를 엿본다. 과거를 통해 본 그는 가장 비참하고 가장 불행한 인간이었으며, 그가 뿌린 대로 거두고 있음을 알게 된다. 그의 인생은 이런 순간을 준비해온 것이다. 하루하루의 삶은 다음 날을 위한 준비다.

죽음이 그의 눈을 감겼을 때, 폭군 이반은 어디로 갔을까? 물론 나는 알지 못한다. 하지만 이것만은 확실하게 믿는다. 어떤 고해성사도 그를 선하게 하지 못할 것이며, 어떤 사제도 그를 구원하지 못할 것이며, 어떤 신도 그를 용서하지 못할 것이다. 그는 늘 자기 자신을 저주했으며, 평생 자신의 비참한 마지막을 준비해왔으며, 그의 노년은 죽음이 가까이 왔음을 알려준다.

〈폭군 이반〉을 쓴 극작가는 대놓고 그렇게 말하지 않았지만, 우리는 여기서 교훈을 얻을 수 있다. 증오는 독약이며, 분노는 독소다. 정욕은 죽음으로 이어질 것이며, 탐욕스러운 이기심은 지옥의 불을 지필 것이다. 이 모든 것은 인과관계로 빚어진 결과물이다. 용서받고 싶다면 스스로 용서해야 한다. 다른 누구도 그것을 짊어질 수 없다. 그리고 그 시작은 빠르면 빠를수록 좋다.

노년의 아름다움에 관한 이야기를 흔하게 듣는다. 하지만 진정 아름다운 노년은 아름다운 삶을 살아오며 노년을 준비해온 사람에게만 주어진다. 우리는 지금 이 순간에도 노년을 준비하고 있다. 이 세상 어딘가에 대자연의 섭리를 대신할 것이 있을지 아무도 모른다. 그것이 있다고 한들 나 역시 어디에 있는지 알지 못한다. 다만 이것만은 분명하게 알고 있다. 자신과 누구에게나 긍정적인 영향을 미치고 친절을 잃지 않는 것, 이것이 아름다운 삶에 이르는 비결이다.

# 내 인생의 주인인가

\*\*\*

 자연은 야생사과를 만들어내지만, 인간의 도움이 없었다면 지금처럼 향기롭고 달콤한 맛이 나는 사과로 진화할 수 없었을 것이다. 자연은 인간을 만들어내지만, 인간이 자신을 제어하지 못한다면 결코 주인으로 진화하지 못한 채 야생사과로 남을 것이다. 그래서 자연은 인간에게 협력할 것을 요구한다. 물론 나는 인간이 자연의 수준 높은 발현이라는 점을 인정한다.

 자연은 시간을 알지 못한다. 시간은 인간만을 위한 것이다. 시간의 흐름은 우리에게 시간이 얼마나 가치 있는지 알려준다. 인생에 끝이 없다면 우리는 아무것도 하지 않을 것이다. 죽음이 없는 인생은 끔찍할 것이다. 그것은 끝이 없는 하루, 휴식이 없는 하루와 같다.

죽음은 변화다. 그리고 죽음은 생명의 한 형태이기도 하다. 올바른 생각과 행동으로 성실히 살아갈 때 인간은 삶을 허락받고, 그 삶은 진리와 정의, 아름다움으로 향한다. 이것이야말로 시간의 확장이자, 삶이 고통의 아니라 얼마나 소중한 행복인지 알려준다. 우리는 인생이 짧다는 것을 깨닫고, 그래서 더 열심히 일하며, 노동을 통해 진화한다. 지혜롭고 현명하게 일할 때 우리는 주인이 되고, 이런 습관을 통해 우리는 우리 자신을 믿게 된다.

필요할 때 "아니오"라고 말하며 자신의 주장을 고수하는 사람은 그 능력만큼 강하다. 자신의 삶을 돌아보라. 나를 가장 걱정스럽게 하고, 지치게 하고, 괴롭히고, 상실과 고통을 안겨준 것은 무엇인가? 그것은 중요한 시점에 "아니오"라고 당당하게 말하지 못하고, 자신의 입장을 지키지 못한 탓이 아니었는가?

"아니오"라고 말하지 못하는 것은 자신에 대한 확신이 부족하기 때문이다. 타인의 의견은 지나치게 신경 쓰면서 자신의 의견은 소홀히 여긴다.

"여기 서명만 해주세요. 형식적인 절차일 뿐이에요, 친구끼리이니까요."

 자신의 의지와는 상관없이, 주위 사람의 권유에 떠밀려 서명한다. 그리고 시간이 흐른 후, 그 나약함은 피와 눈물로 되돌아올 것이다.

 진실은 이렇다. 나에 대한 가장 좋은 평가는 내가 "아니오"라고 말할 때 생긴다. 무력하게 양보하거나 굴복해서 자신과 아무 관계도 없는 가입서, 계약서 또는 확인서에 서명하지 않을 때, 즉 "아니오"라고 말할 때 나는 가장 좋은 의견을 말하고 있다.

 자신감을 키우고 "아니오"라고 말하는 법을 배우고 익혀라. 그것을 가슴 깊이 새기고 실천하라. 인간이 되는 것은 위대한 일이지만, 자신이 자기 삶의 주인이 되는 것은 그보다 더 고귀하고 멋진 일이다.

# 인생에 공짜는 없다

\*\*\*

 남에게 대가 없이 무언가를 주면, 도움을 받은 사람은 자기 자신에게 불만족스러워지기 마련이다. 내가 도와준 사람이 내 적이 되기도 한다. 자기 자신에게 만족하지 않는 사람은 자기가 사는 세상도 만족하지 못한다. 그리고 도움을 준 당신에게도 불만을 품는다.

 세상과의 싸움은 자기 자신과의 싸움이다. 하지만 사람들은 자신이 불행하다고 느낄 때, 책임을 남에게 떠밀고 명예는 자신에게 돌리려곤 한다. 그래서 남 탓을 한다. 특히 자신의 불행을 가장 가까운 사람 탓으로 돌린다. 문제는 그가 너무나 가깝다는 이유로 너무나 많은 것을 주기 때문이다. 이 진실은 양면적이어서 어떻게 하느냐에 따라

이쪽이나 저쪽 한쪽으로 기운다.

자신이 챙길 권리에 확고한 신념을 가진 자들은 거지들뿐이다. 많이 주는 사람, 즉 많이 사랑하는 사람들은 흥정 따위는 하지 않는다. 독하게 흥정하고 요구하는 형태의 사랑은 잔고 없는 은행 통장이나 마찬가지다.

공짜로 주는 것만큼 비싼 대가를 치르는 것은 없다. 내 친구이자 미니애폴리스와 월스트리트 동부에서 널리 알려진 사업가 톰 로리는 이 말을 입증하는 경험을 했다.

한때 귀족 출신이었으나 몰락한 한 남자가 성경책을 들고 톰을 찾아왔다. 그는 자신의 불운한 사연을 털어놓으며, 가지고 온 성경을 담보로 돈을 빌려 달라고 요청했다. 그가 가져온 성경은 그의 가문 대대로 이어온 보물이라고 했다.

집안의 보물을 담보로 내놓아야만 하는 상황이라면 누구나 연민과 안타까움이 깃들 것이다. 톰 역시 마찬가지였다. 톰은 돈을 빌려주면서 담보는 필요 없다고 했고, 자신은 그걸 쓸 데가 없다고도 덧붙였다. 톰에게는 신에 대한 믿음이 담보였다.

몇 주 후, 그는 다시 찾아와 세상이 얼마나 냉혹하고 배은망덕한지 사연을 털어놓았고, 톰은 그의 말을 끊었다.

"그따위 감상적인 이야기는 그만두세요. 내가 요즘 곤란한 상황에 있고, 더는 시간을 낼 수도 없습니다. 지금 내게 필요한 건 격려와 응원입니다. 이 돈 들고 나가세요. 평온이 함께하길."

"평화가 넘치기를 기원합니다."

그는 그 돈을 들고 서둘러 그 자리를 떠났다.

하지만 다음 달 그가 또다시 찾아와, 잔인함과 부당함, 배은망덕에 관한 이야기를 늘어놓기 시작했다. 여러 사업으로 신경써야 할 일이 한둘이 아니었던 톰은 화가 치밀었다. 그러자 그가 말했다,

"당신이 하는 일을 조금만 체계화한다면 더는 제가 귀찮게 할 일은 없을 겁니다. 회계 담당자에게 한 말씀만 해주시면 안 될까요?"

더는 그를 보고 싶지 않았던 톰은 귀찮아하며 회계 담당자를 불렀다.

"이 사람을 급여 명부에 올려놓고, 매달 정해진 날에 2달러씩 주게."

그러고는 그에게 돌아서서 말했다.

"자, 어서 나가주세요. 이 자리에서 꺼지라고요!"

"당신도 똑같이 되길 바랍니다."

그는 이 말을 남기고 물러났다.

이 모든 일은 1년 전에 일어났다.

그 후 그 남자는 매달 적지만 고정적인 돈을 받았다. 그동안 톰은 다른 일로 그에게 일정 금액이 매달 지급된다는 사실을 잊고 있었다. 너무나 적은 돈이라서 그랬는지도 모른다. 그런 어느 날 우연히 급여 명부에 그의 이름이 올라간 것을 발견했다. 톰은 그의 이름이 어떻게 장부에 적혀 있는지 기억나지 않아 처음에는 급여 명부가 조작된 줄 알았다. 톰은 회계 담당자에게 그의 이름을 명부에서 삭제하라고 지시했고, 그가 이 회사에 오면 당장 쫓아버리라고 지시했다.

톰을 만나지 못하게 되자 그 남자는 편지를 썼다. 그 편지는 가증스럽고, 모욕적이고, 위협적인 내용으로 가득했다. 결국 그는 이 문제를 법률사무소에 의뢰했다. 이 사건은 재판에 넘어갔고, 원고 측 변호인은 자신의 주장을 입증했다. 톰의 장부에 그의 이름이 등재되어 있으며, 원고의 이름이 아무런 제안이나 요청, 이유나 본인의 과실 없이 삭제되었다고 변호했다.

변호사는 계약서 내용을 확실한 증거를 삼았고, 결국 톰은 더는 손쓸 방법이 없었다. 원고 승소 판결로 톰은 소송 비용까지 부담해야 했고, 그 남자는 돈을 챙겼다.

톰은 큰 경험을 했다. 톰은 돈을 잃었지만, 공짜로 주는 것만큼 비싼 대가를 치르는 것은 없다는 큰 교훈을 얻었다고 내게 말했다. 이후 톰은 남에게 자선을 베풀더라도 그 돈이 어떻게 쓰이는지 꼼꼼하게 챙겼고, 공짜로 주거나 공짜로 받는 일은 하지 않았다. 그 남자는 소송에서 이긴 돈으로 노름판에 뛰어들었고, 하룻밤도 되지 않아 모든 돈을 잃어버렸다. 인생에 공짜는 없다는 말은 시대가 바뀌어도 절대 변하지 않는다.

# 인격의 조건

\*\*\*

 공감과 지식, 균형은 인격을 형성하는 데 가장 필요한 세 가지 요소다.

 공감 능력 없이는 위대한 사람이 될 수 없으며, 인간의 위대함은 그의 공감 능력으로 가늠할 수 있다. 공감 능력과 상상력은 쌍둥이와 같다. 높은 사람과 낮은 사람, 부자와 가난한 사람, 학식이 있는 사람과 미처 배우지 못한 사람, 착한 사람과 악한 사람, 지혜로운 사람과 어리석은 사람을 가리지 않고 그들 모두와 하나가 되어야만 그들을 이해할 수 있다. 이를 위해서는 모든 사람에게 마음을 열어야 한다.

 공감은 세상의 비밀을 풀 수 있는 기준이며, 모든 지식과 마음을 열 수 있는 열쇠다. 상대방의 입장에 서보라. 그러면 그가 왜 그렇게 생각하고 행동하는지 알 수 있을 것이다. 그의 입장이 되면 그에 대한 비난은 연민으로 녹아내릴 것이며, 연민의 눈물은 그의 잘못을 씻어줄 것이다. 세상의 구원자들은 언제나 공감 능력이 뛰어난 사람들이었다.

지식은 공감과 함께해야 한다. 그렇지 않으면 감정은 감상적으로 흐르고, 아이에 대한 연민은 아이 대신 강아지에게, 인간의 영혼 대신 들쥐에게 동정을 쏟을 것이다. 지식은 유용하게 활용할 때만 지혜가 되며, 지혜는 가치 판단의 기준이 된다. 그로써 우리는 큰 것과 작은 것, 가치 있는 사실과 하찮은 사실을 구분한다. 비극과 희극은 가치의 문제일 뿐이다. 인생에서 작은 부조화는 우리를 웃게 하지만, 커다란 부조화는 비극이 되어 슬픔을 표현한다.

균형은 공감과 지식을 조절할 수 있는 몸과 마음의 힘이다. 감정을 조절하지 못해 넘친다면 곤경에 빠지고 만다. 감정을 제멋대로 휘둘리면 가치가 없어지며, 그것은 강함이 아닌 약함을 드러낸다. 이런 조절 능력의 상실은 정신병원에서 쉽게 찾을 수 있다. 공감 능력이 있더라도 균형을 잃으면 결국 자기 자신이나 세상에 아무런 도움이 되지 못한다. 그것은 무능함만 드러낼 뿐이다.

균형은 말보다 목소리에, 행동보다 생각 속에, 의식적인 삶보다 분위기에서 더 잘 드러난다. 균형은 정신적 자질로, 보이기보다 느껴지는 것이다. 균형은 몸의 크기나 태도, 복장, 외모와는 상관없다. 균형은 내적 존재의 상태이며, 자신의 대의가 옳음을 아는 것이다. 이는 엄청난 영향력을 가지고 있을 뿐만 아니라 한계가 없다. 그 의미는 더없이 넓고, 그 범위는 무한하며, 올바른 삶을 살기 위한 모든 지식과 기술을 함축한다.

나는 예전에 몸이 불구이고 키가 아주 작은 남자를 만난 적이 있다. 하지만 그는 남다른 정신적 위엄과 그에 걸맞은 균형 감각을 지니고 있어서, 그가 멀리서 다가오는 순간 압도적인 존재감과 우월함을 느꼈다. 가치 없는 대상이나 물건에 공감 능력을 낭비한다면, 그것은 인생을 헛되게 고갈시키는 것과 다름없다. 훌륭한 문학작품 안에서 삶의 지혜와 절제를 배우듯 세상의 모든 일에도 지혜와 절제가 필요하다.

균형은 우리의 공감과 지식을 조절하는 것으로, 균형을 유지하려면 공감 능력과 지식이 선행되어야 한다. 공감과 지식이 없다면 우리가 조절할 수 있는 것은 육체밖에 남지 않기 때문이다. 운동하거나 예절을 위해 자세를 바로잡는 균형은 경직되며 부자연스럽고 우스꽝스러운 일이다.

"하지만 인간이여, 오만한 인간이여, 잠시 권력을 쥐고, 자신이 유리처럼 부서지기 쉽다는 것을 모르는 성난 원숭이처럼 높은 하늘 아래에서 그토록 기괴한 짓으로 천사들마저 울게 하는구나."

셰익스피어의 희곡 〈자에는 자로〉의 대사처럼 '하늘 아래에서 그토록 기괴한 짓으로 천사들마저 울리는' 사람들은 공감과 지식이 결여된 채 균형만 익히려는 자들이다. 이들의 지식과 기술은 팔다리를 어떻게 움직일지에만 국한되어 있다. 균형은 육체가 아니라 정신의 문제이고, 태도가 아니라 마음의 문제다.

자연에 가까이 다가가서 지식을 얻어라. 그런 사람이야말로 인류에게 이바지하며, 그런 사람이야말로 가장 위대한 사람이다.

공감과 지식은 적극적으로 활용해야 한다. 누군가로부터 좋은 것을 받았다면 그것은 다른 사람에게 나누기 위함이며, 자신이 남들과 다른 것을 갖고 있다면 그것은 남들에게 베풀기 위함이다. 신은 우리에게 공감과 지식이라는 고귀한 축복을 주셨으며, 그 은혜를 다시 나누어 줄 때 감사하는 마음이 우러난다. 지혜로운 사람은 우리가 공감과 지식을 베풀 때 비로소 그것을 간직할 수 있음을 잘 알고 있다.

스스로 빛나게 하라. 그때 가진 자는 더 얻을 것이며, 지혜는 쓰면 쓸수록 지혜가 더해진다. 마침내 무한한 존재와 비교하면 우리에게 주어진 지식이 얼마나 미미한지, 그 근원과 비교하면 우리의 공감이 얼마나 초라한지 깨달을 것이다. 그때 완벽한 균형으로 희생과 겸손이 싹트리라. 다시 말하지만, 공감과 지식, 균형은 인격을 형성하는 데 가장 필요한 요소이며, 이를 갖춘 사람만이 인격을 갖춘 사람이라 말할 수 있다.

# 충분히 건강한가

\*\*\*

 나의 아버지는 65년간 의술을 펼쳐 오신 의사로, 지금도 진료하고 계신다. 이런 유능한 의사가 곁에 있는데도 불구하고 나는 내 몸의 주치의를 자처한다. 나는 50세이고, 아버지는 85세다. 우리 부자는 같은 집에 살며 매일 함께 승마를 즐기고 산책하거나 들판과 숲길을 산책한다. 오늘도 우리는 10킬로미터 가까이 산책하고 들판을 가로질러 돌아왔다.

 나는 단 하루도 아파본 적이 없으며, 전문의의 진찰을 받아본 적도 없다. 음식을 먹지 못해 식사를 거른 적도 없다. 나는 흔한 질병 대부분은 일상적인 습관으로 고칠 수 있다고 생각하며, 이 생각을 고수해오고 있다. 그 방법으로 모든 질병을 치료할 수 있으며, 이는 누구라도 증명할 수 있는 사실이다.

아버지와 나는 삶의 모든 주제에 대해 의견이 서로 일치한 적이 없다. 그렇다고 해서 우리의 대화가 따분하고 무미건조한 것은 아니다. 아버지는 침례교도이고, 나는 채식주의자다. 가끔 아버지는 나를 '풋내기'라고 놀린다. 우리는 매일 논리를 동원해 자신의 가설을 세우려 하고, 이를 증명하기 위해 책을 뒤적이곤 했다. 하지만 다음 중요한 점들에 대해서는 아버지와 나 모두 한 사람처럼 의견을 같이했다.

첫째, 의사를 찾는 100명 중 99명은 기질성 질환이 아니라 단지 자신의 경솔함으로 인한 증상으로 고통받고 있다. 둘째, 병이 있는 이들조차 10명 중 9명은 약의 부작용 때문에 고통받는다. 셋째, 이런 이유로 우리는 다음과 같은 명제를 얻는다. 질병은 대부분 현명한 자연이 우리 몸에 보내는 유익하고 경고적인 증상이며, 약물 치료는 자연이 보내는 경고성 증상들을 최대한 줄이거나 제거함으로써 오히려 병을 더 키우곤 한다.

과거에 의사들의 업무 대부분은 증상에 대한 처방이었다. 실제로 일반인은 질병과 증상의 차이를 알지도 못한다. 흥미롭게도 의사들 역시 여기에 동의하고 있다. 내가 여기서 말하는 것은 누구나 알고 있는, 지극히 당연하고 일반적인 이야기다.

지난주, 버펄로의 저명한 외과 의사와 대화를 나누던 중 그가 이런 말을 했다.

"나는 지금까지 천 건이 넘는 개복 수술을 했는데, 수술 기록에 보면 일부 사고를 제외한 모든 사례에서 환자들이 완하제를 상습적으로 복용해왔더군요."

병원 대기실에서 기다리는 사람들을 살펴보면 습관적인 과식으로 괴로워하는 이들이 압도적이다. 이로 인해 호흡 곤란과 수면장애, 운동 부족이 일어나고, 흥분제를 남용하거나 두려움과 질투, 증오 등의 부정적인 결과가 더해져 나쁜 결과로 이어진다. 이 모든 것들, 혹은 그중 하나만으로도 수많은 사람에게 열이나 오한, 충혈, 배설 장애를 유발한다.

복수심에 가득 차 있고, 신선한 공기를 제대로 쐬지 못하고, 영양실조까지 이어져 고통받는 사람에게 약물을 투여하는 것은 오히려 문제를 악화시킬 뿐 아니라 병을 질질 끌어 결국 수술대에 이르게 할 것이다.

 자연은 언제나 인간을 건강하게 만들려 애쓴다. 그리고 우리가 질병이라고 부르는 것의 대부분은 마음이 불안정한 것일 뿐이다. 이것은 특별한 경우를 제외하면 자연적으로 치유되며, 저절로 완치되곤 한다. 따라서 건강을 지키려면 다음 규칙을 따르는 것으로 충분하다. 식욕이 있다면 너무 많이 먹지 말고, 식욕이 없으면 굶으며, 무리하지 않는 선에서 일하며, 신선한 공기를 마시고 햇볕을 쬐는 일을 잊지 마라.

 전도서에서 강조하는 것 중 하나가 절제다. 또한 석가모니가 한 말 중에 가장 위대한 말은 평정이라 했다. 19세기 영국의 디자이너이자 사회운동가 윌리엄 모리스는 인생에서 가장 큰 축복은 체계적이고 유용한 일이라고 했다. 사도 바울은 세상에서 가장 위대한 것은 사랑이라고 했다.

 절제와 평정, 일과 사랑 외에 다른 의사는 필요하지 않다. 이 말은 모든 의사가 동의하는 사실이다. 의학의 아버지 히포크라테스도 그렇게 말했고, 노예 출신의 고대 그리스 철학자 에픽테토스도 그렇게 강조했다. 이는 에픽테토스의 제자이자 위대한 로마 황제 마르쿠스 아우렐리우스에게 전해졌다. 그 이후 지혜로운 사람이라면 건강을 지키기 위해 생활 속에서 이 진리를 실천하고 있다.

# 중립을 지킨다는
## 착각

\*\*\*

 눈에 띄는 한 회사가 있다. 그 회사는 거침없는 행보와 갈수록 커지는 영향력으로 경쟁사들의 시기와 질투의 대상이었다. 그래서 경쟁사마다 그 회사를 무너뜨리려는 음모를 꾸미는 중이었다. 내가 그 회사에서 일하는 한 젊은이와 이야기를 나누었는데, 그는 하품하며 이렇게 말했다.

 "전 이 싸움에서 중립입니다."

 "하지만 당신은 이 회사에서 생계를 유지하는데, 회사의 존폐가 걸린 문제에 어떻게 중립을 지킬 수 있습니까?"

 그러자 그는 서둘러 화제를 돌렸다.

 나는 이해할 수 없었다. 적군이 쳐들어와도, 그 때문에 자기나 자기 가족이 위험에 처해도 중립을 지키겠다고 말할 수 있을까?

 삶이 그렇듯 사업은 끊임없는 투쟁이다. 인류는 투쟁을 통해 현재에 이르렀다. 생존이 절실한 곳에서는 늘 투쟁이 존재하며 앞으로도 그럴 것이다. 투쟁은 육체적인 싸움에서 시작했고, 진화함에 따라 정신적, 심리적, 영적 영역으로 무대를 옮겼다. 하지만 삶은 언제나 능동적인 활동이고, 따라서 능동적인 삶에 투쟁은 항상 존재한다. 선행을 위한 투쟁 역시 멈추지 않을 것이다. 중립적이라는 무기력함이 압도한다면, 그때는 죽음만이 최선이다.

 인생이라는 투쟁에서 진정한 중립은 죽음뿐이다. 투쟁은 경쟁의 수단일 뿐만 아니라 모든 좋은 것을 얻기 위한 대가다.

 적극적이고 늘 경계하며 주의를 기울이는 이들이 사라진다면 경제활동 역시 사라진다. 산소가 생명에 필수적인 요소들을 밤낮으로 녹이고 분리하며 소멸시키듯 경제활동 역시 끊임없이 흩어지고 무너지며 다시 일어서는 과정을 거치고, 그 안에서 소유권이 옮겨 다닌다.

 모든 일에는 끝없이 갉아먹기에 바쁜 쥐들이 있다. 이 쥐들은 결코 중립이 아니다. 이런 상황에 중립을 내세운 채 방관한다면, 그동안 일궈온 일은 한순간에 무너져 내릴 것이다.

일본 메이지 시대의 정치가이자 군인 오야마 이와오는 이렇게 말했다.

"우리 진영에 명예로운 중립자가 있다면, 당장 그를 불명예스럽게 처단하라."

# 그 사람을 조심하라

\*\*\*

 당신의 명예를 이용해 험담하거나 허풍을 떠는 사람이 반드시 당신의 적은 아니다. 그 사람은 당신이 조용히 다가가 부탁하면 기꺼이 들어줄 것이고, 당신을 도운 것을 영광으로 여길 것이다. 당신의 부탁에 그의 불친절하더라도 그의 말투가 원래 그럴 수 있다.
 그는 자신이 말하는 것을 듣기 위해 말한다. 험담만큼 그를 즐겁게 하는 것은 없다. 다른 사람에게 허풍을 떠는 것은 자신의 허영심을 충족시키기 위해서다. 그는 그 자리에 있지 않은 사람들의 인생을 해부하고 그들의 진의를 깎아내린다. 그 사람의 인격이 갈기갈기 찢기는 것을 즐거워한다. 그러다 험담의 대상이 된 사람이 현장에 나타나면 그는 서둘러 화제를 바꾸고, 새로 온 사람을 친절하게 대한다.

험담이라는 병균은 공허에서 싹을 틔우며, 게으른 마음에서 가장 잘 자란다. 험담꾼의 말을 듣지 않으면 당신에게 해가 되는 일은 생기지 않는다. 험담꾼의 말을 듣지 않으면 그의 말은 대부분 허공에 사라지며, 험담을 한 자기 자신 외에는 아무에게도 해를 끼치지 않는다.

문제는 당신에 대한 험담을 그대로 당신에게 전하는 사람이다. 그의 행동은 용서할 수 없고 용납할 수도 없다. 그가 당신의 마음에서 평화를 앗아갔기 때문이다. 어리석은 사람은 험담에 귀 기울이다가 그것을 사실 인양 떠벌린다. 다시 말하지만, 등 뒤에서 험담하는 사람은 당신의 적이 아니다. 험담꾼의 말을 전하는 사람이 바로 당신의 적이다. 등 뒤에서 험담하는 사람은 용서할 수 있지만, 그 말을 전하는 사람은 접근을 금해야 한다.

험담하는 사람은 바보이지만, 그것을 반복하고 전달하는 사람은 악하다. 친구는 당신에게 좋은 말을 해주는 사람이고, 당신의 적은 우정이라는 신성한 이름으로 당신에게 해로운 말을 전함으로써 당신을 오염시키는 사람이다.

그래서 나는 옛 왕들이 왜 나쁜 소식을 전해온 전령을 죽였는지 동의한다. 기쁜 소식을 전하는 자의 발에 축복이 내리길.

4장

지금 어디에 있더라도

# 바퀴는 저절로 굴러가지 않는다

***

 프랑스의 언어학자이자 역사가 르낭은 "진실은 늘 처음에는 거부당하기 마련이다"라고 말한 바 있다. 사람들은 한 가지 사실에 직면할 때, 처음에는 종교적 믿음에 반하는 극악한 이단이라며 그것을 터부시하고, 그것이 사람들 사이에 오르내리기 시작하면 별것 아니라고 치부하며, 그것이 일상이 되면 항상 그렇게 믿어왔던 것처럼 당연하다는 듯이 생각한다. 르낭은 진실에 이르는 과정을 이렇게 설명한다.

 200년 전에는 동업 관계가 매우 드물었다. 장사를 하는 사람은 물건을 만들어 팔 뿐이었고, 모든 제품은 본인이나 직계 가족이 만들고 생산했다. 이후 네덜란드의 위대한 서적 제작 가문인 엘제비르와 플랑탱처럼 후대가 선대의 사업을 이어가는 사례를 찾을 수 있다.

이런 경쟁에 발맞춰 1640년, 4명의 인쇄업자가 힘을 합쳤다. 그런데 반 크루젠이라는 작가가 이들을 향해 동업 자체가 사악하고, 불법이며, 최선의 이익에 반한다며 맹렬히 비난했다. 이런 비난은 당시 상당히 보편적이었던 것으로 보인다. 당시 암스테르담에서는 국가의 허가를 받지 않은 모든 동업을 법으로 금지했기 때문이다. 미주리주 의회는 반 크루젠의 논리를 활용해 백화점과 전쟁을 벌이기도 했다. 어리석음에는 저작권이 없는 듯하다.

17세기 런던에서는 동업하거나 수익을 나누는 행위를 불법으로 간주해, 이를 위반하면 명령불복종, 위반, 묵인 등의 이유로 처벌했다. 그들은 대중이 모이는 광장에서 공개적으로 수모를 당해야 했다.

최초의 회사가 설립되기 불과 몇 년 전까지만 해도 이를 반대하는 분위기가 거셌다. 사람들은 회사를 인간을 억압하는 수단, 탐욕스러운 조직, 개인을 갈아먹는 기계로 규정했다. 이를 증명하는 다양한 사례를 제시했고, 회사가 많은 고통을 안겨주리라 생각했다. 회사라는 새로운 환경에 적응하려면 많은 이들이 고통과 후회의 대가를 떠안아야 한다고도 했다.

하지만 우리는 회사가 경제적 필요 때문에 생겨났다는 사실을 당연하게 믿는다. 시대가 요구하는 특정 과제들이 있었고, 한 사람이나 두세 사람으로는 해낼 수 없는 큰일을 위해 회사가 탄생했다. 영국이 제조업 강국으로 부상한 것은 주식회사라는 남다른 제도 덕분이었다. 주식회사라는 집합체는 이제 모두가 인정하듯 도구와 원자재, 건물 등을 비롯한 시스템을 확보하고 사업의 영속성을 제공하기 위해 절대적으로 필요한 존재다.

철도 시스템이 미국을 건설했다고 해도 과언이 아니다. 미국은 주식회사와 운송을 기반으로 다른 나라들이 부러워하는 번영을 이루었다. 미국의 시인이자 사상가 에머슨은 "무역은 물건이 풍부한 곳에서 필요한 곳으로 이동하는 것"이라고 말했다.

이 나라에는 각각 9,500킬로미터 이상의 철도를 관리하는 10개의 자본가 단체가 존재한다. 이들 회사는 다수의 소규모 선로를 흡수했으며, 선로와 선로 사이로 무수한 연결선이 지어졌다. 넓은 지역을 차지하기 위한 경쟁은 사실상 사라졌다. 모든 변화는 매우 조용히 진행되어 사람들은 이를 눈치채지 못하했만, 이런 합동 관리가 얼마나 비용을 절감하고 서비스를 개선하는지 체감한다.

이제 어느 누구도 소비자를 함부로 다루지 못한다. 누군가 그런 말을 했다고 하더라도 사업으로 성공하려면 그 분야 소비자들의 의중을 살피고 소비자의 욕구를 존중해야 한다는 것을 너무나 잘 알고 있다. 그들은 소비자와 맞서지 않는다. 다른 어떤 방식으로도 결코 성공할 수 없으며, 이 진리는 너무나 명백하고 자명해서 어리석은 사람이라도 알 수 있다. 결국 다른 사람을 돕는 것이 자신을 돕는 길이다.

이 글을 쓰기 30년 전, 서커스 홍행사 피니어스 테일러 바넘은 "대중은 사기당하는 것을 즐긴다"라고 말했지만, 그 스스로 그것은 사실이 아니라는 것을 증명했다. 그는 그 말을 실행에 옮기려 한 적이 없기 때문이다. 그는 거짓말로 대중을 즐겁게 했지만, 대중을 기만하는 위험한 속임수는 쓰지 않았다. 그가 거짓말을 했을 때조차 아무도 속지 않았다. 진실은 우회적으로도 표현될 수 있다.

"내 연인이 자신이 진실하다고 말할 때, 나는 그가 거짓말하고 있다는 것을 알면서도 그를 믿는다."

바넘은 항상 광고한 것보다 더 많은 것을 주었고, 같은 일을 반복하며 40년 동안 대중을 즐겁게 했다.

협력의 결과물은 세인트루이스 유니언 역에서 쉽게 찾을 수 있다. 20개의 거대 철도 회사들이 시기와 편견, 경쟁의식을 접어두고 이 역을 함께 세웠다. 만약 경쟁이 정말로 옳다면 세인트루이스로 진입하는 모든 철로는 회사마다 자체 역을 두었을 것이며, 열차를 타려는 사람들은 어디로 가야 하는지 찾느라 걱정하고, 번거롭고, 비용을 들이고, 시간을 낭비했을 것이다.

단일 역을 세우는 궁극적인 목표는 번거로움을 없애고, 비용을 줄이고, 열차를 이용하는 이들에게 가능한 최상의 서비스를 제공해 여행을 쉽게 하고 안전하게 운행하는 데 있다. 승객이 승하차할 때마다 말끔하게 차려 입은 승무원들이 맞이하며, 모든 질문에 정중하고 친절하게 응대하고, 가장 수월한 길을 안내한다.

여행길이 서툰 이들을 위한 안내원, 아이를 돌보는 간호사가 역에 상주하며, 몸이 불편한 분들을 위한 휠체어도 마련되어 있다. 이 모든 시스템은 승객들에게 편하고 안전한 서비스를 제공한다. 특정 노선의 표를 팔기 위해 이리저리 끌고 다니지 않는다. 승객은 자기가 타야 할 노선을 쉽게 찾으며, 큰돈이 들지만 많은 인력이 유지 관리에 투입되는 이 거대한 시설을 자유롭게 이용할 수 있다.

이 모든 것이 모두를 위한 것이다. 이는 하나의 목표와 열망, 즉 협력이 있었기에 가능했다. 협력이 등장하기 전에는 혼란과 파멸로 이어지는 치열한 경쟁만이 존재했다. 인류는 혼란을 막고 파멸을 피하면서도 서로 조화롭게 경쟁하는 방법을 궁리했다. 그 결과물이 협력이다.


문명은 진화한다. 예술이 그렇듯 문명은 분리되고 독립된 존재가 아니다. 예술은 무언가를 진지하고 아름다운 방식으로 표현한다. 이에 반해 문명은 일을 처리하는 효율적인 방법이다.

서두를수록 속도가 느려지고 낭비를 불러오곤 한다. 이때 문명은 일을 처리하는 가장 좋은 방법이다. 인류가 수적으로 증가함에 따라 사람들에게 필요한 것을 제공하는 일은 인류의 중요한 과제가 되었다. 그리고 인류는 더 나은 것을 공급하려는 이들에게 필요한 것들의 가치를 식별하는 법을 가르쳤다. 인간을 연구하고, 인간이 진정 무엇을 원하는지 알아내고, 사상이든 제품이든 서비스이든 그것을 공급하는 사람에게는 명예의 월계관을 씌워주었다.

사람들이 필요로 하는 것과 원하는 것은 서로 다를 수 있다. 사람들이 원하지 않아도 필요하다고 생각하는 것을 제공하는 것은 자기 머리를 날카로운 창에 들이미는 것과 마찬가지다. 지적 능력이 나아지면서 욕망도 변화한다. 이것이 진보이며, 진보는 진화이고, 진화는 곧 진보다. 끊임없이 진보를 앞당기려는 사람들이 있다. 우리는 이들을 개혁가라고 부른다. 반면에 늘 개혁을 반대하는 이들이 있다. 그들에게 가장 어울리는 호칭은 낙오자다.

개혁가는 이 땅의 구세주이거나 반역자 둘 중 하나다. 그가 성공하느냐 실패하느냐에 따라 둘 중 하나가 되며, 그것은 관점에 따라 달라진다. 다른 사람들이 그를 어떻게 생각하든 상관없이 그는 그 사람일 뿐이다. 반역자로 기소되어 처형된 자는 종종 후에 구세주라는 칭호를 얻기도 한다. 때로는 당대에 구원자로 칭송받던 사람이 후에 가짜

구원자, 즉 사기꾼으로 드러나기도 한다.

보존은 자연의 설계도다. 좋은 것을 온전히 지키는 것이 보존이다. 진보가 문명을 도랑에 빠뜨리거나 모든 것을 파멸시킬 때는 단호하게 제동을 걸어야 한다. 세상에 그런 사람은 꼭 필요하다. 하지만 제동을 걸 때가 있고 작동이 멈추지 않도록 해야 할 때가 있다. 바퀴를 돌지 못하게 계속 막는 것은 멈춰 서는 것이며, 멈춰 서는 것은 후퇴하는 것이다. 진보에 문제가 있을 때 그 문제를 직시하고 비판하는 사람은 필요하지만, 쉴 틈도 주지 않고 제동을 걸어서는 안 된다.

진보적인 사람만큼 보수적인 사람도 필요하다. 보수적인 사람은 개혁자가 너무 빨리 나아가 채 익지 않은 과실을 따는 것을 막는다. 행성들이 힘의 반작용으로 제자리를 지키듯 정부는 힘 있고 할 말을 하는 야당이 있을 때 제대로 기능한다. 문명은 추진력과 제동 사이에서 멈추고 나아가기를 반복하며 전진한다. 추진력과 제동은 서로에게 필수적이며, 종종 자리를 바꾸기도 한다. 하지만 문명은 영원히 앞으로 나아가며 최선의 방식을 찾아낸다.

개인 노동자, 동업 관계, 회사를 거쳐 이제 기업합동이 등장했다. 기업합동은 회사들끼리 동업 관계를 맺는 것이다. 이는 인류의 진화 과정에서 동의와 찬성, 승인을 거쳐 이루어졌다. 이 모두 인류를 위한 것이며 모두의 승인을 거쳐 행해졌다. 기업합동은 사람들에 의해 만들어졌으며, 사람들은 기업합동이 자신을 억압한다고 판단하면 그것을 철회하거나 해체할 것이다. 기업합동은 적법행위일 때만 존재하며, 그렇지 못할 때는 소비자들의 적이 되거나 회사 문을 닫아야 한다.

진화의 다음 단계는 모든 산업이 사람들에 의해, 사람들을 위해 운영되는 것이다. 그때는 경쟁 대신 협력을 우선시한다. 경쟁은 너무 일반화되어 경제학자들이 이를 자연의 법칙으로 오해하지만, 그것은 단지 우연에 불과했다.

경쟁이 자연의 법칙이 아닌 것처럼 증오도 마찬가지다. 증오는 한때 너무나 확고히 믿어져 우리는 그에 인격을 부여해서 악마라고 불렀다. 우리는 일하는 사람은 증오할 시간도, 두려워할 필요도 없다는 것을 사람들에게 가르침으로써 악마를 추방했으며, 이런 교육을 통해 사람들은 새로운 시대를 맞이할 준비를 할 것이다.

인류는 지성과 인내, 친절함과 사랑하는 마음을 더 키워 나가고 있다. 충분히 때가 무르익으면 사람들은 한 걸음 더 나아가 자신의 몫을 평화롭게 누릴 것이다. 그리고 협력은 각자에게 마땅한 것을 보답할 것이다.

# 지금 무엇을 보고 있는가

\*\*\*

 성공은 타고난다. 우리 주변에는 운명에 꺾이지 하는 사람들이 있다. 그들은 당당한 걸음으로 앞으로 나아가며, 신성한 권리로 세상에서 가질 수 있는 최선의 것을 얻어낸다. 그들의 성공은 어느 날 우연한 기회에 얻은 것이 아니다. 그들은 숨어서 때를 기다리거나, 계략을 꾸미거나, 아첨하거나, 시류에 자기 몸을 기대지도 않는다. 그들은 항상 깨어 있고 민감하게 반응한다. 원하는 것이 다가오면 그 즉시 그것을 취하고, 머뭇거리거나 꾸물거리지 않으며, 꾸준히 전진한다.

 턱을 당기고, 정수리를 꼿꼿이 세우고, 숨을 최대로 들이쉬어라. 햇살을 마시듯 들이마시고, 미소로 맞이하며,

영혼을 담아 인사하라. 오해받더라도 두려워하지 마라. 그리고 경쟁자만 생각하느라 시간을 낭비하지도 마라. 하고자 하는 일에 집중하고 노력하라. 그러면 방향을 억지로 잡지 않아도 목표한 곳으로 자연스럽게 나아갈 수 있다.

두려움은 우리를 좌초시키는 암초이며, 증오는 배를 좌초시키는 함정이다. 두려움에 사로잡힐 때 우리의 판단은 철광석을 가득 실은 배의 나침반처럼 믿을 수 없다. 특히 증오는 키를 떼어버린 것이나 다름없다. 그리고 남의 험담에 귀 기울인다면, 밧줄이 프로펠러에 엉켜 들게 내버려 두는 셈이다.

남들이 미처 하지 못한 일이거나 남다른 일이라면, 그것이 자신과 모두를 위한 일이라면 누가 뭐라고 해도 그 일에 집중하라. 그러면 그토록 바라는 목표에 이르는 길이 보이고, 남들이 보지 못한 기회가 어느 순간 곁에 있을 것이다. 산호에 붙어사는 바다 생물이 조류를 통해 필요한 영양소를 섭취하듯 자연스럽게 다가올 것이다. 무엇인가 이루고자 하는 능력이 있고, 그 일에 집중하고, 진실하며, 모두에게 도움이 되는 자신을 마음속에 그려보라. 매시간 자신이 바라는 대로 변화하고 있다고 생각하라.

생각은 모든 변화의 시작이며, 특히 남다른 생각이 남다른 행동을 만든다. 용기와 솔직함, 활기찬 태도를 유지하라. 생물 진화의 원리를 제시한 다윈, 사회진화론을 주장한 허버트 스펜서는 생각이 창조의 방법이라고 말했다. 각 동물은 자신에게 필요하고 바라는 부분을 진화시켜 왔다. 말은 빨리 달리고 싶어 해서 빨라졌고, 새는 날고 싶어 했기에 날 수 있었으며, 오리는 헤엄치고 싶어 했기에 물갈퀴를 가지게 되었다. 이처럼 모든 것은 생각에서 비롯하며, 진실한 소망은 반드시 응답받는다. 간절히 바라는 만큼 이루어진다.

많은 사람이 이것을 알고 있지만, 이것이 삶에 영향을 준다는 사실은 깨닫지 못한다. 우리는 영향력 있는 사람을 좇거나 그들 곁에 있기를 바란다. 하지만 사람을 얻는 유일한 방법은 스스로 함께하고 싶은 사람이 되는 것이다. 우정을 나누기에 적합한 사람이 되기 전에, 우정 없이도 자신에게 적합한 사람이어야 한다. 자신을 충분히 돌볼 수 있어야 남을 도울 수 있다.

독립적인 영혼을 더 갈망하는 사람은 결코 친구가 부족하지 않을 것이다. 친구가 있다면 사교보다 고독을 즐겨라. 신선한 바람을 마시고, 따사로운 햇볕을 마음껏 쬐어라. 그리고 고요한 밤, 별빛 아래에서 자신에게 거듭 되뇌어라.

"나는 내 눈에 보이는 모든 것의 일부다."

그러면 깨달을 것이다. 나는 하늘과 땅 사이에 끼어든 방해꾼이 아니라 세상에 없어서는 안 될 중요한 일부라는 것을. 내가 무너진다면 그것은 세상이 무너지는 때뿐이라는 것을.

우리가 두려워하는 것은 오래된 과제처럼 반드시 마주하게 될 것이다. 잘못된 마음가짐과 태도는 사소한 일을 재앙으로 이끌었다. 중년에 병으로 죽는 사람들은 거의 예외 없이 오랫동안 제 죽음을 준비해온 사람들이다. 모든 비극적인 일은 부정적인 마음 상태로 인해 생긴다. 인격은 정신적 자세와 시간을 대하는 태도, 이 두 가지에 의해 결정된다. 평소의 생각과 행동이 자신을 만든다.

우주의 힘을 움켜쥐면 그 힘으로 더 강해진다. 우리의 몸속에는 피가 힘차게 돌고 있다. 마찬가지로 마음속에는 행하고 존재하려는 단호한 결의가 흐르고 있다. 턱을 당기고 정수리를 높이 들어라. 고치 안에 있는 자신이 못마땅한가? 그렇지 않다. 당신은 누구와도 비교할 수 없는 존재가 되기 위해 지금 잠시 고치 안에 있을 뿐이다.

# 질투라는 이름의 병

\*\*\*

얼마 전, 한 철도 회사 대표가 내게 물었다.

"철도 사고 대부분이 왜 일어나는지 아십니까?"

"사고의 원인이요? 명령불복종 때문 아닌가요?"

내가 반문했다.

"아닙니다. 그건 가정 문제 때문입니다. 선생님은 명령을 어겨서라고 하셨는데, 부분적으로는 맞습니다. 하지만 원인은 더 깊은 곳에 있습니다. 기관사가 왜 명령을 어기겠습니까? 정차하라는 명령을 받고도 역을 지나쳐 가야 할 이유가 있을까요? 그를 위험에 빠지는 건 바로 그 자신입니다. 사람들은 이런 일을 사고라고 부르지만, 그건 정확한 표현이 아닙니다. 그것은 정신 상태 때문에 일어난

일입니다. 철도 회사는 기관사들의 정신 상태를 경계해야 하며, 기관사라면 당연히 그렇게 해야 합니다. 하지만 모두 그런 건 아닙니다. 작년에 인디애나에서 열차 두 대가 충돌했던 사고를 기억하십니까? 그중 한 열차 기관사의 주머니에는 도착역이 적힌 종이가 들어 있었습니다. 그는 그 역을 시속 80킬로미터로 지나쳤고, 5분 뒤 54명의 생명과 20만 달러 상당의 재산 피해를 냈습니다."

철도 회사 대표는 그 기관사를 알고 있었다. 대표가 전해준, 그 기관사에 관한 이야기는 이렇다.

모두가 그의 아내에게 눈길이 갈 만큼 그는 아름답고 매혹적인 여자와 결혼했다. 그들에게 아이는 없었다. 그의 아내는 사람들 앞에서 피아노를 쳤고, 노래를 부르고, 시를 읊곤 했습니다. 그녀는 결코 나쁜 여자는 아니었지만, 평범하고 정직한 남자의 사랑만으로는 자신을 채울 수 없었다. 그녀는 항상 똑똑한 남자들의 찬사를 갈구했다. 그가 번 돈을 모두 화려한 옷차림에 쏟아부었고, 당연히 그 화려함과 그런 자신이 칭송받기를 원했다. 그는 그런 아내를 자랑스러워했다.

어느 날 저녁, 그는 사랑하는 아내에게 키스하고 야간 운행을 위해 집을 나섰다. 운행을 위해 차고로 들어가자, 상사가 대통령 내외가 타기로 한 오전 특별 열차를 운행하기 위해 그를 대기시켰다. 그것은 너무나 영광스러운 일이었기에 그는 매우 들떴다. 그는 이 사실을 아내에게 전하고 싶어 서둘러 집으로 달려갔다. 그는 항상 아내에게 모든 것을 털어놓곤 했다.

하지만 집에 갔을 때 아내는 없었다. 시카고 출신 구두 판매원과 함께 극장에 간 뒤였다. 그는 밖으로 나와 아침이 될 때까지 거리를 배회했다. 그의 아내는 그 사실을 전혀 몰랐고, 지금도 모를 것이다. 그는 밤새도록 거리를 하염없이 걸었고, 아침에 특별 열차를 타고 떠났다.

그 후 그는 전혀 다른 사람이 되었다. 나중에야 그가 그 사실을 털어놓았는데, 누군가에게 말하지 않으면 가슴이 터질 것 같았다고 했다.

그는 제정신이 아니었고, 살이 빠졌으며, 입맛도 떨어졌고, 신경질적이 되었다. 의사는 그에게 커피를 끊고 담배도 절반으로 줄이라고 권했다.

무엇이 문제였을까? 그는 질투에 사로잡혀 있었다. 누군가 그것을 지적하자 그는 반박했다.

"내가 질투한다고? 말도 안 돼! 난 바보 같은 여자와 결혼한 나 자신한테 화가 난 거야. 그 여자는 어리석은 짓으로 내 심장을 갉아 먹었어. 그런데도 왜 나는 그 사람과 헤어지려 하지 않을까? 아니야, 그럴 수 없어. 왜냐고? 그녀를 사랑하니까!"

누구라도 그에게 운전대를 맡기지 않을 것이다. 그가 친동생이라도. 앞으로 무슨 일이 일어날지 뻔하기 때문이다. 그는 자기 열차 아래에서 차갑게 식은 시신으로 발견되었다. 주머니에는 그가 어긴 명령서가, 시계 속에는 이 모든 재앙의 원인이 된 아내의 사진이 들어 있었다. 그의 아내는 자신이 이 재앙의 원인이라는 사실을 전혀 깨닫지 못한 채, 검은색 상복을 입고, 흰색 주름 장식이 달린 앙증맞은 검은색 모자를 쓰고 우리와 마주했다.

"그렇습니다. 말한 대로입니다. 결혼 생활의 불행이 철도 사고의 원인이었으며, 다른 사고들도 마찬가지입니다. 마음이 평온한 사람만이 안전할 수 있습니다. 가정이 있고, 자기 일에 충실하고, 아이들을 잘 돌보며, 비밀이 없고, 다른 데 한눈팔지 않는 가족이 있는 사람 말입니다. 나는 내 직원들을 모두 알고 있습니다. 그중에는 불안하고, 괴로워하며, 질투하는 이들도 있습니다. 그런 그들을 보면 마음이 아프지만, 우리 일이 많은 사람의 안전과 직결된 일이기에 그들에게 열차 운행을 맡길 수는 없습니다."

그러면서 그는 건너편에서 일하고 있는 한 사람을 가리켰다.

"저기 플랫폼 끝에 청색 작업복을 입고 있는 남자 보이십니까? 바로 그가 이 열차를 운행할 기관사입니다. 얼마나 차분하고 만족스러우며 침착한지 보세요. 그는 자기가 맡은 일을 완수하고자 하는 생각 외에는 아무런 걱정이나 불안도 없습니다. 그렇게 대단히 똑똑하지는 않지만, 결코 우리를 실망시키지 않을 겁니다. 열차가 출발해 3킬로미터 정도 가다가 기관사가 경적을 세 번 울리면, 왼편의 하얀색 작은 집에서 한 여인이 나와 앞치마를 흔들며 인사할 겁니다."

그때 차장이 외쳤다.

"모두 탑승하세요!"

종소리가 울렸고, 우리는 열차에 올라탔다. 얼마 뒤 도시 변두리에 도착했고, 열차는 시속 50킬로미터 속도로 달렸다.

열차가 부드럽고 짧게 세 번 경적을 울리고 나서, 나는 하얀색 집과 그 집 현관에 서 있는 한 여인을 보았다. 아이들이 그녀의 치맛자락을 붙잡고 둘러싸고 있었고, 그녀는 자신의 체크무늬 앞치마를 흔들고 있었다.

철도 회사 대표가 말했다.

"그 사람의 마음속에는 평온이 깃들어 있습니다. 그런 사람이 명령을 어길 리 없습니다. 마음이 무언가에 사로잡혀 있지 않아야 일을 완수할 수 있는 법입니다. 스스로 평화로워야 세상도 평화롭게 만들 수 있습니다."

여기서 질투에 대해 짚어보려 한다. 사람들은 무언가를 몹시 탐할 때 질투라는 단어를 자주 사용한다. 우리는 어떤 이의 재능이나 그가 가진 물건을 탐낼 수도 있고, 그에 대해 편견을 품거나 그를 깎아내릴 수도 있다. 하지만 질투는 다른 문제다. 질투는 극도로 예민한 사람, 성미 급한 사람, 약한 사람만의 전유물이 아니다. 사실 가장 강한 성격이 약한 성격보다 질투에 더 취약하며, 가장 인내심 강한 사람도 이것이 치명적인 병이 될 수 있다.

셰익스피어는 그 누구보다 인간의 마음을 잘 이해한 작가로 우리에게 질투의 실체를 여실히 보여주었다. 희곡 〈오셀로〉는 이를 생생하게 묘사한다. 오셀로는 신경과민에 고통받는 사람이 아니었다. 그는 위대하고, 평온하며, 자부심 강한 사람이다. 건강하고, 정직하며, 신뢰할 수 있고, 진실하며, 어린아이 같은 자신감으로 가득 차 있었다. 하지만 오셀로는 남자였다. 강인하고 성욕이 왕성한 남자. 그런 사람이 어떻게 흥분하는지 알 것이다.

오셀로의 지성은 이아고의 냉담하고 계산적인 뇌를 당해낼 수 없었다. 그는 이 음모를 꾸미는 영혼 없는 악당에게 조정당해 사랑하는 데스데모나를 증오했고, 결국 세상에서 가장 사랑했던 사람을 죽이고 말았다. 강렬한 기질을 가진 이들은 쉽게 질투에 사로잡힌다. 기질이 연약한 사람들은 이에 무관심하다. 그들은 애정의 대상을 쉽게 바꾸지만, 마음을 줄 대상이 많지 않다. 이 때문에 그들의 변화는 쉽게 이루어지고, 과거는 잊힌다. 하지만 강한 기질을 가진 이들은 연인에게 자신을 던지고, 그들이 맺는 끈은 강철 고리가 되어 영혼을 단단히 묶는다. 그들에게 사랑은 결코 가벼운 일이 아니다.

질투는 사랑의 절대적인 역전처럼 보인다. 그것은 적도 부근의 뜨거운 온기를 순식간에 북극의 얼어붙은 냉기로 바꾼다.

나는 무도회장에서 자리에 앉아 쾌활하게 대화를 나누며, 선함과 온화함이 얼굴에 환하게 빛나는 한 여인을 본 적 있다. 왈츠가 연주되고 있었고, 커플들이 몽환 같은 리듬으로 우리 곁을 지나갔다.

"이 모든 게 참 아름다워요."

그녀가 내게 말했다. 그때, 한 남녀가 서로 얼굴이 닿을 정도로 끌어안은 채 이야기를 나누며 무도회장 안을 빙 돌았다. 그들을 보자마자 여자는 자리에서 벌떡 일어났다가 다시 주저앉았다. 입술에 핏기가 사라지고, 눈빛이 흐릿해졌다. 숨은 뜨겁고, 열병에 걸린 듯한 가쁜 숨소리였다.

내가 그녀에게 말을 걸자 그녀는 정신이 팔린 듯 깜짝 놀랐지만, 내가 한 말은 듣지 못했다. 그녀의 고운 얼굴에 비참함이 스쳤다. 끔찍한 고통이 그녀의 심장을 움켜쥐었고, 그녀는 고통을 숨기려 미소를 지으려 했지만 그 미소에는 슬픔이 배어 있었다. 메두사 같은 그녀의 얼굴에 미소가 얼어붙은 듯했다.

"제 마차를 불러주세요. 몸이 별로 좋지 않아서요."

그녀가 쉰 목소리로 말했다.

나중에 알게 된 바로는, 그녀는 집에 도착해 방으로 들어가 문을 잠근 뒤 침대에 쓰러졌고, 다음 날 아침 7시에 그곳에서 발견되었다. 그녀는 무도회 복장 그대로 신음하고 있었고, 반쯤 정신이 나간 상태였다.

그녀가 다시 집 밖으로 나올 수 있기까지 6주가 걸렸다. 그녀를 사로잡은 질투의 경련은 남편이 다른 여성과 춤추는 모습을 목격한 데에서 비롯했다. 그 장면은 그녀의 영혼에 존재하는 수많은 감정을 억눌렀으며, 만약 그녀가 힘이 셌다면 그 자리에서 남편과 그 여자를 한없이 짓밟았을 것이다.

그녀에게 질투해야 할 진짜 이유가 있었을까? 나는 모른다. 하지만 오셀로는 질투할 이유가 없었다. 공기처럼 보이지 않는 이유가 질투하는 사람들에게 성서와 같은 강력한 확신을 심어준다. 아내에게 이런 끔찍한 고통을 안겨준 남편은 그저 어리석고 순진했을 수도, 악의적이고 의도적이었을 수도, 아니면 아무 생각이 없었을 수도 있다. 나는 모른다. 내가 말하는 것은 다만 현상일 뿐이다.

몇 달 전, 신시내티에서 침대차 짐꾼이 아내를 살해하려다 체포되었다. 남자는 아내에게 식칼을 휘둘렀고, 도움의 손길이 제때 도착하지 않았다면 여자는 남편의 손에 살해되었을 것이다. 여자는 병원으로 이송되었고, 남자는 감옥으로 보내졌다. 의사는 여자의 상처를 치료하고 가능한 한 편안한 상태에 있게 해준 뒤 그녀의 이야기를 들었다.

"남편이 질투심으로 나를 죽이려 했어요. 하지만 그건 내 잘못이었어요. 내가 일부러 다른 남자를 사랑하는 척해서 남편이 질투하게끔 했으니까요. 내가 다른 남자를 사랑한다고 말하자 남편은 미쳐버렸어요. 전부 내 잘못이에요. 그를 여기로 데려와 주세요. 죽기 전에 남편에게 용서를 구하고 싶어요."

다음날 담당 의사는 치안판사를 찾아가, 피고인이 환자를 돌본다면 환자가 회복될 것이라는 소견을 밝혔다. 판사는 담당 의사의 소견을 믿고 서약서 없이 남자를 석방했다. 남자는 병원으로 가서 아내를 간호했고, 한 달도 지나지 않아 그곳 사람들의 축복을 받으며 행복하게 병원을 나갔다.

지적으로 수준이 낮은 사람들과 관련된 이야기는 이 정도에서 그치자. 이제 위대한 지성 한 명과 그의 정신세계와는 완전히 동떨어진 여성에 관한 사례를 살펴보자.

세계적인 문호 괴테는 11년 동안 매일같이 연애편지를 주고받았던 연인 샤를로테 폰 슈타인과 불화를 겪었다. 당시 괴테는 크리스틴이라는 아가씨의 아버지와 협상을 벌여, 크리스틴을 가정부로 집에 들였다. 당시 크리스틴은 20살에 불과했고, 매력적이며, 친절하고, 성품이 좋으며, 쾌활하고 강인하고, 건강했다.

크리스틴은 괴테의 집안일을 책임졌고, 괴테가 지시한 일을 성실하게 수행했으며, 그가 부르지 않는 한 모습을 드러내지 않았다. 손님이나 방문객 중 누구도 크리스틴을 본 사람이 없었다.

몇 달 후, 괴테가 우연한 자리에서 샤를로테 폰 슈타인을 만났을 때, 그녀가 차갑게 물었다.

"크리스틴 양의 건강은 어떤가요?"

이 한마디는 자존심 강한 괴테의 심장을 찌르기에 충분

했다.

괴테는 크리스틴을 점점 좋아하게 되었다. 크리스틴은 순종적이고, 헌신적이며, 한결같았다. 크리스틴은 괴테를 거역하거나, 비아냥거리거나, 귀찮게 하지 않았다. 크리스틴은 괴테를 섬겼을 뿐이다. 물론 크리스틴은 괴테의 작품에 관심을 두지 않았는데, 괴테를 문학적 경쟁자로 생각하지도 않았다.

그런 어느 날 크리스틴의 아버지는 딸이 늙은 시인의 애인보다는 젊은 남편 곁에 있는 편이 낫다고 생각해, 딸의 계급에 걸맞은 청년에게 결혼시키기로 했다. 구혼자가 크리스틴을 만나러 괴테의 집에 왔을 때, 자부심과 위엄이 넘치는 괴테는 가슴이 쥐어짜이는 듯했다. 괴테는 입맛을 잃었고, 밤에는 잠을 설쳤다. 구혼자가 두 번째로 찾아왔을 때 괴테는 그를 길거리로 내동댕이쳤다. 그로 인해 구혼자는 공포에 질려 도망쳤고, 다시는 찾아오지 않았다.

크리스틴과 20년을 함께 산 뒤에 괴테는 두 사람 사이에 낳은 아이들을 위해 그녀와 결혼했다. 괴테의 행동은 대부분 옳았지만, 항상 이성적인 것은 아니다. 괴테가 크리스틴과 결혼한 것은 그녀를 사랑했기 때문이다. 괴테는 의심할 여지 없이 그 사랑을 증명하고 싶었다. 물론 그들은 서로 다른 지적 세계에 산 것은 확실하지만, 동등한 존재로 만나는 또 다른 세상이 있었다. 그들의 관계를 천박하다고 부르든 말든 그 문제는 지금 논의할 사항이 아니다. 다만 괴테는 때때로 이 여인에게 질투심을 품었고, 그녀를 더 확실히 자기 곁에 두기 위해 온 세상에 그녀를 합법적인 아내로 삼는다고 선언했다.

벨뷰대학교에서 병리학을 가르치는 제임스 브라이스 하워드 박사는 질투가 암을 유발한다고 발표했다. 그의 논리는 이랬다. 질투는 몸의 혈액 순환에 영향을 미치고, 그 감정은 생식 기관을 공격한다. 마음에 평온이 깃들어 있으면 혈액 순환이 완벽하고 활동적이며 자연스럽게 일어난다. 분비 기능이 활발해지고, 모공이 열린다. 반면에 불안과 증오에 휩싸이면 심장이 미친 듯이 두근거리다가 그 흥분을 감지하기도 전에 사망에 이를 수 있다.

피부가 차갑게 식고, 모공이 닫히고, 분비 활동이 멈춘다. 이는 마치 죽음의 열풍이 온몸을 휩쓸고 지나간 것과 같다. 몸의 곳곳에 피가 뭉치고 열이 오른다. 이때 몸은 균형을 회복하기 위해 분주히 작동한다. 순환이 막히면 몸은 더 많은 혈액을 해당 부위로 보내 이를 제거하려 한다. 이렇게 증가한 영양은 오히려 종양을 유발한다. 이것이 암이 자라는 방식이다.

제임스 브라이스 하워드 박사는 이렇게 결론짓는다.

"암은 잘못되고 비정상적인 감정이 원인이다. 마음이 고요하고 평온을 유지할 수 있다면 암은 물론 질병 대부분을 없앨 수 있을 것이다."

질투만큼 끔찍한 고통을 안겨주는 비극은 없다. 그것은 의심이라는 먹이를 먹고 자란다. 우리는 의심이 독인 줄 알면서도 그것을 놓지 못한다. 그것은 우리 곁에 숨어 기다리고, 우리를 지켜보고, 우리의 마음 상태에 귀 기울인다. 그리고 원하는 증거를 찾는 순간 고통은 어느 때보다 심해진다. 증거를 찾아도 괴롭고, 찾지 못해도 괴롭다. 몸이 고통스러울 때는 재빨리 그 고통에 둔감해지지만, 마음의 고통에는 오직 지루한 고문만이 있을 뿐이다. 불안으로 뒤척이는 밤과 무기력한 나날이 반복된다.

사별로 인한 상실에는 곧 평온이 찾아온다. 사랑하는 사람에 대한 애틋함, 안타까움은 죽음에 대한 고결한 생각으로 이어진다. 죽음과 마주했을 때 우리는 선한 것을 떠올리지만, 질투는 삶에서 가장 악한 것을 떠올리게 한다. 질투는 가장 사랑하는 사람에게 보내는 증오다. 그것은 자신을 공정하게 바라보지 못하게 한다. 질투하는 사람은 자신은 전혀 그렇지 않다고 주장하지만, 그럴수록 더욱 증오를 키운다.

지금까지 질투라는 감정을 완벽하게 분석한 적이 없다. 많은 이들이 이를 주제로 글을 썼지만, 그들은 그 현상만 묘사하는 데 그쳤다. 질투는 영혼을 갈기갈기 찢어 놓는 비극과 비교할 수 없다. 질투를 완벽히 분석하려면 인간의 마음을 완벽하게 이해해야 하는데, 이는 절대 불가능하다. 이런 인간의 본성은 신이 남겨 놓은 위대한 수수께끼다.

우리는 늘 모순과 역설을 마주한다. 한 사람의 영혼을 알게 된다고 해서 그것이 다른 이들의 영혼까지 이해할 수 있는 지표가 되지는 않는다. 자연에는 절대 똑같은 것이 없기 때문이다. 한 여성이 한 남성을 깊이 사랑하면서 어떻게 그 남성을 질투의 고통으로 몰아넣을 만큼 괴롭히는지 누가 설명할 수 있는가? 순진한 오셀로가 온화한 데스

데모나를 사랑했음에도 근거 없는 의심에 사로잡혀 그녀를 증오하고 목숨을 앗아 간 이유는 무엇인가? 영혼을 갈기갈기 찢는 마음의 반란이 어디서 비롯하는지 우리는 짐작조차 할 수 없다. 아니, 알지 못한다.

질투는 원시적인 야만의 본능이다. 이와 발톱으로 상대방을 물어뜯어 죽임으로써 강한 것만이 살아남던 시절, 즉 폭력이 흔하게 발현되던 시대에 발현된 질투 본능은 이후 세대에 전해져 내려왔다. 하지만 우리는 증오를 제어하는 대신 질투에 빠진 자신을 상처 입힌다. 질투는 증오로 이어지고, 증오는 우리 자신의 생명을 갉아먹으며, 삶에 모든 원천에 독약을 뿌린다.

치료는 쉽지 않다. 오직 영웅적인 도덕성을 지닌 사람만이 진실과 마주해서 치유할 수 있다. 처음에는 무관심이 만병통치약인 것처럼 보이지만, 이는 질투의 밑바닥으로 가라앉는 것일 뿐 그것을 초월하는 것은 아니다.

흔히 질투하는 사람과는 헤어져야 한다고 말한다. 하지만 강한 기질을 가진 사람이 약자를 강요하며 괴롭히고 조롱하며, 이 세상을 지옥으로 만든 것에 대해서는 왜 아무도 언급하지 않을까?

 기관사가 아내와 헤어질 수 있었다면, 괴테와 크리스틴이 멀리 떨어져 살았다면 서로를 잊고 각자 자신만의 삶을 살 수 있었을 것이다. 그러면 그는 그녀에게 무관심해졌을 것이고, 그녀는 자신을 더 사랑할 수 있는 남자를 찾았을지도 모른다. 크리스틴이 멀리 떨어진 곳에 살았다면 누가 그녀를 찾아오든, 그녀가 언제 극장에 가든 그는 신경 쓰지 않았을 것이다. 그러나 매일 그녀를 보는 것, 그녀와 함께 살면서도 그녀가 자신과 별개의 삶을 살고 있다는 사실을 알자 그는 뼛속 깊이 고통스러웠다.

 크리스틴이 괴테의 곁을 떠나 자작농과 결혼했다면, 괴테는 그녀의 행복을 빌어주고 아이들에게 선물을 보냈을 것이다. 하지만 크리스틴을 집에 들이면서 삶의 일부가 되었고, 다른 남자에게 구애받는 모습을 보자 질투하고, 증오하고, 그로 인해 고통과 분노로 자신을 학대했다. 질투와 증오로 서서히 죽어가는 것보다 차라리 헤어지는 편이 낫다.

 질투는 서로를 진정으로 필요로 하는 사람들에게도 찾아올 수 있다. 그 안에는 항상 자신에 대한 불만이 숨어 있다. 자신에게 불만을 품을 때보다 고통스럽고 절망스러운 것은 없다. 하지만 우리는 솔직하지 못한 탓에 그 원인을 자신이 아닌 상대방에게 전가한다.

질투에 빠진 사람이 가장 비난하는 것은 자기 자신이며, 그런 자신을 탓해야 마땅하다. 하지만 이 깨달음조차 고통을 덜어주지 못한다. 기관사는 자신이 좀 더 똑똑해서 아내의 마음을 채워주었더라면 아내가 다른 남자들의 찬사에 신경 쓰지 않았으리라 생각했다. 그의 문제는 일부분 자기 자신에 대한 불만족이었다. 괴테는 크리스틴보다 지적으로 훨씬 뛰어났지만, 자신이 그녀를 행복하게 해주지 못했다고 느꼈다. 행복하게 해주었다면 크리스틴이 다른 구혼자를 만나지 않았으리라 여겼다.

현명한 사람은 이런 마음의 비극과 마주했을 때 자기만의 고통에 빠지지 않는다. 물론 그 역시 다른 사람들처럼 아파한다. 하지만 사랑하지 않음으로써 사랑의 고통에서 도망치는 대신 더 많이 사랑한다. 그는 자신의 사랑을 모두에게 보내는 방법을 찾고, 그것을 모두의 사랑으로 넓힌다. 그가 다른 사람들보다 특정한 사람에게 더 많은 애정을 집중하더라도, 그 안에 있는 좋은 것만 생각하고 그 외의 것들은 작별을 고한다.

어리석음, 방탕, 터무니없음, 사치스러움은 우리 주변에 가득하지만, 이런 것이 우리의 영혼을 찢어 놓거나 잠 못 이루는 밤을 초래하거나 삶을 뒤틀어놓지는 않는다. 우리가 가슴속에 받아들인 증오 때문이다. 잘못은 우리 것이 아니므로 우리는 마음속에 증오를 품을 여유가 없다는 점을 잊지 말자.

영혼은 각자의 중심에 존재한다. 남편이나 아내, 자녀, 부모의 어리석은 행동과 실수는 우리 자신과는 무관하다. 우리는 모두 이 세상에 홀로 왔고, 홀로 살며, 홀로 떠난다. 그러므로 타인의 실수나 잘못도 우리를 건드리지 못하게 해야 한다. 신은 우리 편이다. 우리 자신 외에는 그 누구도 우리를 해칠 수 없다. 자신이 옳다면, 그것을 확신하라. 그러면 타인의 어리석은 행동에 휘둘리지 않을 것이다. 무엇보다 벌을 내리는 것은 우리의 몫이 아니라는 사실을 잊지 마라.

"신께서 말씀하셨다. 복수는 나의 것이니, 내가 그대로 돌려줄 것이다."

# 시대정신에 대하여

***

희곡 〈파랑새〉로 널리 알려진 벨기에의 시인이자 극작가 모리스 마테를링크는 에세이집 《꿀벌의 생활》에서 "벌 한 마리로는 결코 꿀을 만들 수 없다"고 말했다. 벌 한 마리의 머리에서는 충분한 정보가 나오지 않기 때문이다. 벌들은 다른 벌들과 공동의 이익을 위해 일할 때만 성공할 수 있다. 벌집에서 빠져나온 벌 한 마리는 아무런 힘이 없지만, 벌들이 사는 벌집은 매우 위대하고 명확한 목적과 지혜를 갖고 있다. 마테를링크는 이를 '벌집의 영혼'이라고 했다.

벌판으로 나가 혼자 꿀을 배불리 먹고 빈손으로 돌아오는 벌은 벌집에 모여 사는 벌들에게 아무런 도움이 되지 않는다. 오히려 해만 끼친다. 혼자만 배불리 먹은 벌은 다른 벌들로부터 그에 상응하는 벌을 받는다. 벌집의 영혼을 보지 못하고 자신의 이익만 취하는 벌은 다른 벌들로부터 정신이상으로 취급받고, 그 좋은 곳에서 쫓겨나거나, 모두의 침을 맞고 죽는다.

우리가 벌과 소통할 수 있어서 벌에게 꿀을 만드는 이유를 물어본다면, 그들은 이렇게 말할 것이다.

"꿀을 만드는 것은 내가 맡은 일이고, 그래서 나는 꿀을 만든다."

사람들은 자신이 선택했기 때문에 특정한 행동을 한다고 생각하지만, 사실은 그것의 강한 매력 때문이다. 나는 인간도 벌과 마찬가지로 자연법칙의 지배를 받는다고 생각한다. 연대라는 위대한 진리를 인식하면서 전진하고 어제보다 더 진보한다.

벌집의 영혼은 좁은 한계에 갇혀 있어서 겉보기에 벌들에게는 아무런 진화도 일어나지 않는 것처럼 보인다. 이와 달리 인간에게 벌집의 영혼, 또는 우리가 흔히 말하는 '시대정신'은 끊임없이 변화하는 정신 그 자체다.

고대 아테네는 14명의 왕이 통치했다. 하지만 이 왕들은 시대정신을 대표하지 않았고, 벌집의 영혼을 만들 수 있을 만큼 강력하지도 못했다. 그들은 매력적인 종교적 우상들, 즉 화려한 구경거리나 의식, 행진을 이용해 대중을 현혹했고, 이에 취한 이들을 동원해 수많은 땅을 정복했고, 나라 안에 문제가 생기면 외국과 전쟁을 벌여 대중의 관심을 분산시켰다.

그리스의 정신이 종교적 광신주의, 미신, 화풀이로 이어지자 36년 동안 권력의 꼭대기에 앉아 있던 14명의 왕은 매우 위험한 상황에 놓였다. 이를 모면하기 위해 그들은 눈에 보이지 않는 것들로 대중을 현혹했다. 그들은 자신의 야망을 숨긴 채 신전을 세우고, 그것을 불멸의 작품이라고 미화했다. 신들의 낙원인 엘리시움을 지상에 만들려 했고, 그곳에 신들의 형상을 세우고, 거대 신전을 세워 그 안에 제우스 신이 거처하게 한다며 대중을 부추겼다.

이를 통해 자신의 신성을 발견한다는 생각은 당시 사람들로서는 이해할 수 없는 진리였다. 고대 그리스 조각가 페이디아스가 자신의 자화상을 페리클레스의 자화상과 함께 신성한 방패 위에 놓았을 때 그리스의 영광은 사형 선고를 받았다.

불만에 찬 웅얼거림은 포효로 이어졌다. 14명의 왕은 살해당하거나 재산을 강탈당하고, 명예를 실추당한 채 추방당했다. 이런 중에도 시대정신은 자신만의 길을 걸었다. 소크라테스, 유클리드, 페리클레스, 페이디아스, 헤로도토스, 엠페도클레스, 소포클레스는 아테네의 시대정신이 되었고, 이후 아우구스투스 시대 예루살렘의 예수는 모든 시대정신의 대표가 되었다.

종교개혁가 사보나롤라, 틴들, 후스, 위클리프, 조지 위샤트는 시대정신을 위해 기꺼이 목숨을 바친 순교자들이다. 자유를 위해 목숨을 바친 위대한 인물들의 죽음은 헛되지 않다. 그들은 죽음으로써 우리를 살게 했다. 한 방울의 물감이 물통 안의 물 전체를 물들이듯 순교자의 피가 시대정신을 물들였고, 이전과는 다른 시대정신을 우리에게 선사했다. 링컨의 죽음은 누구도 할 수 없는 공감을 불러일으켰고, 그의 주장이 얼마나 정당한지 남부 사람들도 마침내 인정했다.

선각자들이 죽음을 맞이한 것은 당대와 동화될 수 없는 새로운 정신을 설파했기 때문이다. 당대에 반하는 설교를

하거나 행위를 하는 사람은 국가의 적, 사회질서를 해치는 대상으로 여겨져 쫓겨나거나 처형당했다. 그가 설령 법을 지켰더라도 당대의 무지몽매함 앞에서는 불법이었다.

세상의 모든 구세주는 강도들의 칼에 죽었다. 지금 우리가 누리는 자유는 그들의 피가 물든 소중한 유산이다. 그들의 업적이 헛되이 저물지 않도록 하는 것은 지금을 사는 우리의 몫이다.

우리의 시대정신은 민감하고, 불안하며, 경계심이 강하고, 감수성이 풍부하며, 진보적이며, 정의를 향해 나아가고 있다. 지금 있는 것보다 더 나은 내일을 상상할 수 있는 사람은 자신의 비전을 오늘 이 자리에 투사할 수 있으며, 지금보다 더 나은 세상을 상상할 수 있는 사람은 자신의 꿈을 여러 방식으로 자유롭게 표현할 수 있다.

여론은 결코 조용히 지켜보지 않는다. 그 어떤 법도 시대정신을 거스를 수 없다. 지혜로운 이들은 시대정신의 흐름에 발맞춰 지식을 재해석하고 새롭게 적용한다.

자신의 목소리를 분명하게 내는 사람들은 모두 시대정신을 물들인다. 자신이 진실이라 믿는 바를 솔직히 표현하는 사람들은 시대정신을 변화시킨다. 사상가는 다른 사람들이 깊고 넓게 생각하도록 돕는다. 그들은 다른 이들이 품고 있는 생각의 틀을 만들어준다. 생각은 마음속에 존재하지만, 그것을 실제로 표현해야만 시대정신이 구현된다. 그때 시대정신은 사람들을 각성시키고, 사람들은 자신과 같은 생각을 지닌 이들과 함께 새로운 시대를 만든다.

# 내일은 멀리 있지 않다

\*\*\*

 근육을 단련하면 몸이 건강해지듯 정신 역시 갈고 닦아야 성장한다. 그래서 삶에 표현이 필요하다. 삶은 표현하는 것이며, 억누르거나 자제하는 것은 죽음과도 같다. 하지만 삶을 표현하는 데는 옳고 그름이 있다. 삶이 제멋대로 흘러가도록 내버려 두면서 동물적인 본성만으로 자신을 드러낸다면 그는 고결한 최선의 삶을 억누르는 것이며, 활용하지 않은 고결한 자질들은 결코 되돌릴 수 없다. 흔히 잘못된 행동 때문에 위기에 빠진다고 생각하지만, 위기에 빠지는 것은 잘못된 행동 그 자체다.

 육욕과 폭식을 탐하고 정신적 삶을 억압한 채 방종하고 음탕한 삶을 산다면 아름다운 영혼은 결코 꽃을 피우지 못하며, 이는 우리 자신의 영혼을 갉아먹는 것이나 다름없다. 오랜 세월에 걸쳐 철학자들은 이런 삶의 진리에 주목해왔으며, 우리는 역사 속에서 자극적이고 감각적인 삶 대신 정신적인 삶에 헌신한 이들과 마주한다. 삶을 표현할 때, 그 기준을 정신에 두느냐 감각에 두느냐 하는 문제는 모든 철학의 핵심이자 모든 종교에서 영감의 원천이었다.

모든 종교는 도덕성과 교리라는, 물과 기름처럼 절대 섞일 수 없는 두 가지 요소로 이루어져 있다. 종교는 도덕성과 교리의 화학적 결합이 아니라 물리적 혼합물이다. 교리는 보이지 않는 것의 과학, 즉 알려지지 않았고 알 수 없는 것에 대한 신념이다. 종교 전파자들은 이 보이지 않는 과학에 타당성을 부여하기 위해 항상 도덕성을 강조해왔다. 도덕성은 교리와 분리되어 존재할 수 있고 실제로 그렇게 존재한다. 성직자들은 도덕성과 교리를 혼돈에 빠지게 하곤 하지만, 교리는 항상 도덕성과 함께한다.

도덕성과 교리는 절대 분리되지 않는다. 도덕성은 우리의 생명력을 어떻게 표현하고 사용할 것인가에 대한 문제일 뿐이다. 우리에게 힘이 넘친다면, 그 힘으로 무엇을 할 것인가? 늘 앞에 나서서 조언하는 사람이 있다. 하지만 무엇이 옳고 옳지 않은지 단정 지어 말할 때 그에게 아무런 힘이 없다면, 우리는 그의 말에 귀 기울이지 않을 것이다. 하지만 신적인 존재가 그들의 조언을 떠받쳐주고 있다는 확신과 함께, 우리가 신의 말을 믿었을 때 보답이 오며 믿지 않았을 때는 무서운 형벌이 뒤따른다면 어떨까?

스스로 자신을 우월한 존재라고 일컫는 이들은 자신이 원하는 대로 사람들을 휘둘러 왔다. 공식 종교들의 진화는 사실 복잡한 과정을 거치지 않았으며, 도덕성과 교리라는 두 가지 섞일 수 없는 것을 한데 모았을 뿐이다. 이것은 명확하고 너무나 당연한 진리이며, 합리적인 사람이라면 논쟁의 여지가 없다.

종교에서는 사랑, 진리, 관용과 정의, 관대함 등의 도덕성을 가르친다. 하지만 그리스 문법처럼 많은 예외가 있다. 종교의 도덕성은 우월한 계급의 의견에 따라 제외되거나 종교적 가치에 의해 포기되기도 한다. 이런 예외 때문에 종교를 가진 국가들 사이에서 수많은 전쟁이 일어났다.

우리는 삶을 어떻게 표현해야 할까? 저마다 기질과 성향이 달라 답을 찾기는 쉽지 않을 것이다. 어떤 사람은 육체와 관련된 죄를 환멸하고, 어떤 사람은 지나치게 방종한 삶을 살다가 어느 순간 금욕적인 삶으로 돌아가기도 한다. 모든 종교는 우리에게 '삶을 어떻게 표현해야 하는가?'를 설교하지만, 우리는 여전히 금욕주의와 방종 사이에서 흔들린다.

금욕주의의 극단적인 예는 오랜 시간 수행하며 육체적 기능을 최대한 억압하는 수도승에게서 찾을 수 있다. 그들은 일반 사람들이 접근하기 힘든 산꼭대기에서 산다. 그들은 육체적 편안함을 거부한 채 며칠 동안 음식을 먹지 않고 지내거나 해진 옷을 입고 추위를 참아낸다.

진실은 극단적으로 육욕을 억누르는 수도승과 방종을 즐기는 이들 사이에 자리하고 있다. 하지만 비극은 자신만이 삶의 기준을 찾아냈다고 믿는 것에서 시작한다. 다른 사람에게 자신과 같은 기준을 따르라고 강요하는 순간 갈등이 빚어지고, 그 갈등은 집단의 증오로 이어지고, 결국 전쟁으로 파국을 맞는다.

모든 법은 '인간에게 허용된 행동은 무엇인가?'를 핵심으로 삼고 있다. 19세기 초 영국에서는 '떠돌이 연극배우', '바이올린 연주자', '대중의 양심을 방해하는 자', '경박하게 춤추는 자', '신성을 모독하는 자'를 처벌하는 법률이 생겨났다. 이들 법에서는 사형에 처할 수 있는 범죄가 37가지나 되었다. 삶에서 어떤 표현이 옳고 옳지 않은지 견해의 차이일 뿐인데도 이런 일이 곳곳에서 일어났고 여전히 일어나고 있다.

어떤 교파에서는 노래를 부르거나 악기를 연주하는 것을 금지한다. 청각이 영혼을 흥분시키고, 특히 시끄러운 소리는 인간을 악한 생각으로 이끄는 큰 죄라고 여긴다. 춤을 사악하게 생각하고, 파이프 오르간 연주 음악은 허용하면서도 바이올린은 절대로 안 된다는 이들도 있다. 반면에 예배 중에 오케스트라 연주를 활용하는 교파도 있다. 그림을 우상 숭배라고 여기기도 하고, 단추를 부도덕한 것으로 간주하는 교파도 있다.

이런 이상한 진화는 개인의 삶에서도 볼 수 있다. 위대한 성자로 일컫는 대문호 톨스토이는 한때 감각주의자였다가 금욕주의자로 옮겨갔다. 이런 진화는 성인들의 삶에서 흔하다. 하지만 톨스토이는 금욕적인 삶에 아무런 도움이 되지 않는다며 아름다움을 외면했고, 이는 그가 주장하는 가치를 떨어뜨리는 결함으로 작용했다. 그는 삶의 다양한 빛깔과 모양, 음악에서 우러나오는 조화를 고려하지 않았다. 그는 모든 사람의 행복에 영향을 주는 이 모든 것을 부정한다. 대부분의 영혼은 몸이 허기를 느끼듯 아름다움을 갈구하지만, 그는 궁핍 직전의 척박한 상황으로 우리를 내몰았다. 나는 톨스토이를 마음 깊이 존경한다. 하지만 여기서 그를 언급하는 이유는, 아무리 현명한 사람조차 자신의 기준에서 진리를 가르치려 드는 위험에 빠질 수 있다는 점을 알려주기 위해서다.

결국 스스로 판단해야 한다. 인류가 겪은 끔찍하고 잔인한 역사의 대부분은 단순히 저마다 다른 기질에서 비롯된 견해의 차이에서 시작되었다. 그렇다면 우리에게 가장 절실한 삶의 표현은 무엇인가? 이것은 지난 역사뿐만 아니라 지금 우리가 여전히 풀어야 할 문제이지만, 다른 사람에게 자신과 똑같은 것을 하라고 조언하거나 강요하는 것은 옳지 않다. 삶의 표현 문제를 개인에게 기꺼이 맡길 정도로 인류가 성장할 수 있을지는 의문이지만, 자기 방식대로 다른 사람이 따르며 살도록 밀어붙인다면 새로운 시대는 절대 오지 않을 것이다.

자신에게는 최선이라고 해도 그것이 다른 사람에게 최선이나 차선이 되지는 않는다. 오히려 그것이 그들을 몰아세우거나 해롭게 할 뿐이다. 문명이 발달한 지금, 우리에게는 유토피아를 만들어낼 수 있을 만큼 충분한 지성이 있다. 지도자라고 자칭하는 이들이 다른 사람들에게 이래라저래라 강요하지 않고, 다른 사람이 가진 것을 탐내지 않는다면 유토피아는 그다지 멀지 않다. 국가들 사이의 전쟁과 개인들 간의 갈등은 자신만의 기준을 강요하고 소유하려는 욕망 때문이다.

조금 더 인내하고, 모두를 위해 조금 더 사랑하고, 과거의 잘못된 역사에 굴복하지 않으며, 거짓된 권위에서 벗어나자. 사람에 대한 믿음을 잃지 않고, 자신감 있고 용기 있게 나아간다면 인류는 성숙하게 무르익을 것이며, 우리의 삶은 저마다 가장 밝게 빛날 것이다.

# 누구든 어디에 있더라도

***

나의 마음은 당신에게 향한다. 당신보다 더 위대하고 고귀하며 영웅적이고, 더 다정하게 사랑하며 충성스럽고 이타적이며 인내심 있는 존재를 나는 상상할 수 없다. 내가 아는 한 모든 사랑은 인간의 사랑이다. 내가 아는 모든 용서는 인간의 용서다. 내가 아는 모든 연민은 인간의 연민이다. 그러므로 나는 당신을 믿고 따른다.

당신이 인간이라는 사실이 내게 친밀감을 준다. 그것이 우리를 하나로 묶는 끈이다. 당신은 나의 일부이기에 나는 당신을 이해한다. 내 도움이 필요하다면 언제라도 당신 곁에 있을 것이다.

때로는 서로를 내버려 두는 것이 가장 큰 도움이 되기도

하고, 때로는 손잡고 격려와 응원의 말이 필요하기도 하다. 평범한 한 인간에 불과한 나는 외로울 때면 사람을 그리워한다. 당신의 처지와 조건이 어떻든 그것이 당신에 대한 나의 편견이 되지는 않을 것이다. 당신이 무엇을 했든 하지 않았든 평가하지 않을 것이다.

당신이 현명하고 신중하게 살아온 것을 나는 잘 알고 있다. 하지만 스스로 똑똑하고 좋은 사람이라고 생각한다면 나는 당신을 딱하게 여길 것이다. 당신이 비틀거리다가 넘어지고, 쓰러지고, 진창에 빠져 자신을 돌보지 못할 때, 그 누구보다 우정이 필요한 당신에게 나는 친구가 되어줄 것이다. 당신이 죄를 지었거나, 신경쇠약이 있거나, 출세하지 못했거나, 고등교육을 받지 못했더라도 나는 당신의 친구가 되어줄 것이다.

나는 당신을 내 인생에서 내쫓을 수 없다. 부득이하게 당신을 외면해야 한다면, 내 앞의 문을 닫고 그 안에 갇히겠다. 내 안을 흐르는 사랑의 영혼, 내가 그 일부인 그 영혼은 당신의 몫이기도 하다. 우리는 같은 종족이고 신성한 기원을 향해 나아가고 있다.

당신이 내게 충실하다는 이유로 보상하거나, 무관심하다고 고통과 벌, 불행으로 당신을 위협하지도 않을 것이다. 당신의 칭찬이나 감언으로는 나를 얻을 수 없겠지만, 당신이 나를 부정하고 욕한다고 해도 당신을 향한 내 마음을 닫을 수는 없다.

당신이 보낸 애정은 결코 길을 잃거나 잘못 전달되지 않을 것이다. 당신이 보내는 모든 친절은 당신과 가까운 사람들에게도 닿을 것이다. 당신에 대한 나의 우정은 영원하며, 그럼에도 나의 우정은 당신의 울타리를 절대 침범하지 않을 것이다.

나는 당신에게 복종이나 약속을 강요하지 않는다. 당신은 그에 따를 의무도 없다. 나는 당신에게 이것을 하라, 저것을 하지 말라고 요구하지 않는다. 나는 명령을 내리지 않는다. 나는 당신의 짐을 덜어줄 수는 없다. 설령 가능하다 해도 그래서는 안 될 것이다. 인간은 자신의 짐을 견디면서 강해지기 때문이다. 가능하다면 모든 어려움을 헤쳐나가고 일상의 의무와 마주할 용기와 힘을 당신에게 보여줄 것이다. 아무리 한 사람을 보살필 수 있다고 해도 그 사람의 인생까지 책임질 수는 없다. 당신이 잘못을 저지르더라도 내가 당신을 벌할 수는 없다. 우리는 죄로 인해 벌을 받을 뿐, 죄 자체를 위해 벌을 받는 것은 아니다.

당신이 옳은 일을 하면 좋은 일이 따르고, 옳지 않은 일을 하면 고통이 따른다는 것을 저절로 알게 될 것이다. 이 당연한 진리를 지키면 모든 좋은 일이 당신을 기꺼이 찾아갈 것이다. 내가 이 진리를 바꿀 수는 없다. 나는 당신이 저지른 실수와 잘못으로부터 당신을 면제시킬 수 없다. 당신이 나를 위해 목숨을 버린다고 해도 이 불변의 진리는 바꿀 수 없다.

하지만 나는 당신에게 사랑과 진실, 유익함으로 향하는 길을 알려줄 수 있다. 이것이 내가 바라는 일이다. 나는 당신의 친구이기 때문이다. 그 길을 당신에게 보여주면서 나 또한 나의 길을 찾는다.

당신은 나의 사람이다. 당신은 나의 일부다. 우리는 모두 한곳에 속해 있고, 그곳에서 누구도 배제되지 않으며 배제될 수도 없다. 그러므로 평원과 초원, 산과 바다, 도시와 마을을 지나는 동안 성이나 마차 안, 헛간, 화물차, 교도소의 독방에서, 혹은 별빛 아래에서 방황할 때도 내

심장은 당신을 향한다.

당신이 누구든 나는 당신이 잘되기를 바란다. 내가 줄 수 있는 것은 오직 사랑뿐이다. 당신에게 축복과 은혜가 내리기를 바랄 뿐이다.

인격적으로 점잖은 무게 '드레'
드레북스는 가치를 존중하고 책의 품격을 생각합니다